U0803782

新工科×新商科·电子商务系列教材

区块链技术与电子商务应用

段伟常　编著

電子工業出版社
Publishing House of Electronics Industry
北京•BEIJING

内 容 简 介

人类社会已经步入数字化生存模式，数字文明成为“时代最强音”。电子商务是数字经济的主要模式和核心内涵。现代意义上的信息技术是以互联网为核心的信息技术。互联网实现了信息的传递，却难以实现价值的点对点直接转移，而区块链技术的出现使通过互联网实现去中心化的价值转移成为可能。

本书梳理了区块链技术的基本原理，从存证应用、协同应用、价值转移三大场景来分析区块链技术在电子商务中的典型应用，通过对多个实例的分析，阐述了区块链技术与电子商务应用需求相结合的原理、模型，以及产生的创新价值。本书提供电子课件，读者可登录华信教育资源网 www.hxedu.com.cn 免费下载。

本书可作为高等院校经济管理类专业教材或教学参考书，也可供电子商务从业者及感兴趣者自学参考。

未经许可，不得以任何方式复制或抄袭本书之部分或全部内容。
版权所有，侵权必究。

图书在版编目（CIP）数据

区块链技术与电子商务应用 / 段伟常编著. — 北京：电子工业出版社，2022.12

ISBN 978-7-121-44745-7

Ⅰ. ①区… Ⅱ. ①段… Ⅲ. ①区块链技术－应用－电子商务－高等学校－教材 Ⅳ. ①F713.36-39

中国版本图书馆 CIP 数据核字（2022）第 243995 号

责任编辑：秦淑灵　　特约编辑：田学清
印　　刷：北京天宇星印刷厂
装　　订：北京天宇星印刷厂
出版发行：电子工业出版社
　　　　　北京市海淀区万寿路 173 信箱　　邮编：100036
开　　本：720×1000　1/16　印张：13　字数：240 千字
版　　次：2022 年 12 月第 1 版
印　　次：2025 年 7 月第 2 次印刷
定　　价：49.00 元

凡所购买电子工业出版社图书有缺损问题，请向购买书店调换。若书店售缺，请与本社发行部联系，联系及邮购电话：（010）88254888，88258888。

质量投诉请发邮件至 zlts@phei.com.cn，盗版侵权举报请发邮件至 dbqq@phei.com.cn。

本书咨询联系方式：qinshl@phei.com.cn。

前　言

科学技术对时代的革命性影响在悄无声息中就产生了。区块链技术的创新设想最早由中本聪于2008年提出，至今已有14年之久。如今，“去中心化自治组织”（DAO）和“分布式”等概念成为管理与经济领域的实践热点。随着数字经济重要性的日益凸显，人们开始关注下一代互联网，而价值互联网的出现使在互联网上以数字的形式实现价值转移的实践方兴未艾。

区块链技术是数字经济的底层技术，也是我国新型基础设施建设的内容。区块链技术已在多个行业掀起应用的浪潮，应用范围和落地项目迅速拓展，并开启产业化之路。在管理与经济领域的实践中，多数应用以联盟链的形式发展区块链服务平台，提供存证、协同、价值转移等应用功能，涵盖贸易物流、社会公共服务、金融、政务、知识产权、文娱、日常消费、工业、农业、能源等多个垂直行业。而电子商务是多数行业数字及数字化产品的流通和消费方式，数字及数字化服务是电子商务的核心内涵。电子商务是数字经济最主要的组成部分，是数字经济发展的“牵引者”，发展电子商务是发展数字经济的重要抓手。由此可见，区块链技术与电子商务应用间存在着密切的、必然的联系。

尽管我国的区块链技术应用和产业化水平具备一定的发展基础，涌现出一批有代表性的区块链技术应用场景，但是仍面临一些问题，如部分关键技术亟待突破，应用的成熟度有待提升。在电子商务应用中，区块链技术对信任机制、交易效率、交易成本等产生了深远的影响。区块链技术在模式创新、组织结构创新与治理体系创新等方面有着重要的作用，可以推动电子商务领域瓶颈问题的解决。

本书立足于区块链技术在电子商务中的应用，对典型行业的电子商务应用案例进行整理、概括、提炼，总结了将区块链技术应用于电子商务的一般原理与解决方案。本书可供高等院校经济管理类专业的学生学习使用，以帮助其理解区块链技术的基本原理，并在此基础上通过了解典型行业的应用案例，为以后在工作实践中运用区块链技术解决实际问题打下基础，以推动我国区块链产业的创新发展。

区块链技术涉及多学科领域，产业应用的发展日新月异，但由于编者水平与资料收集的局限性，书中难免存在疏漏和不足之处，欢迎大家批评、指正。

目　录

第1章

概论

1.1 互联网及数字经济的发展

1.1.1 通信与信息技术的发展

19世纪上半叶，美国人莫尔斯发明电报，开辟了人类通信技术的新时代，其后数字程控交换机的发明与应用使通信技术开启数字化通信新模式。1946年，美国宾夕法尼亚大学的埃克特等人研制出世界上第一台电子多用途计算机ENIAC，开启了人类计算机革命的新征程。计算机技术从晶体管到集成电路、再逐步发展为大规模集成电路和超大规模集成电路，到今天进入数字文明时代。

而计算机网络的发展是人类数字文明发展的一大支柱。1969年，美国在分组交换技术的基础上建立阿帕网（ARPANET），它是因特网的前身；1986年，美国建立国家科学基金网（NSFNET），并于1991年将因特网投入商业应用。因特网使用TCP/IP协议让不同的设备可以彼此通信，而由这些能彼此通信的设备组成的网络就叫互联网，互联网包含因特网。其后，互联网应用呈现出爆发式增长，给信息技术产业及人类社会的进步，甚至人类文明的发展带来基础性和重大的影响。

今天，人类社会已经步入数字化生存模式，数字文明成为“时代最强音”。其中，计算机技术的影响已经远远超出中世纪的磨坊、17世纪的机械钟表、工业革命时期的织布机和蒸汽机，以及后面出现的汽车等。人类文明是人本身通过长期劳动而创造的，包含政治、经济、文化、社会等多个层面，代表着人类的前进方向。从历史长河来看，人类文明经历了漫长的演进，每一次新文明的诞生都代表着文明形态的重塑和社会的变更。

近年来，“互联网+”模式向政治、经济、文化、社会各个领域渗透，平台经济、共享经济、网络直播、在线会议、自媒体等新生事物冲击并推动各个领域向数字化转型。从人脸识别到个人的朋友圈，从智慧城市到乡村治理，从数字海洋到智能社区的网格化，线上化、虚拟化、数字化等模式的转换正在以不可逆的态势全方位渗透到社会经济的各个方面。

工业 1.0 是蒸汽机时代，工业 2.0 是电气化时代，工业 3.0 是信息化时代。德国于 2013 年正式提出“工业 4.0”概念，以物联网、大数据、机器人及人工智能等技术为驱动力的第四次工业革命正以前所未有的态势席卷全球，以智能化为特征的创新浪潮将重塑世界经济格局。物联网、大数据、云计算、区块链、数字孪生、5G/6G 等新一代信息技术，以及量子计算、脑机接口等前沿技术，在网络化、信息化与智能化的深度融合下，正在塑造全新的人类文明形态。

1.1.2 数字化生存

数字化生存最初由美国学者尼葛洛庞帝在其出版的《数字化生存》一书中提出，指人类应用数字技术（信息技术）生存于一个虚拟的、数字化的生存活动空间中，完成信息传播、交流、学习、工作等活动。近年来，我国的通信基础设施得到持续升级，与数字技术进一步融合，加速进入数字化生存时代。

借助互联网等数字技术，多种形式的在线业态获得迅速成长，数字文化、网络会展、远程办公、在线教育、在线娱乐等进入大众的生活，电子商务平台借助算法精准地匹配消费者需求，智能穿戴、智能出行、智慧医疗利用“人工智能+5G+大数据+云计算”改善民生。可见，数字化生存融合多个产业，为人类提供了全新的消费场景。

这类新业态、新模式的本质是以数字技术应用创新为核心，将数据要素转化为价值，以多元化、多样化、个性化为特点，为广大消费者提供精准匹配需求的数字化产品。数字化重构产业要素，形成新的商业模式，改进业务流程，重组产业，实现新的价值链，使各类产业具有极大的成长空间。

与数字化生存对应出现的是数字社会。从农业社会、工业社会、信息社会到数字社会，社会形态的转变意味着生产力水平的提升及生产关系的日益复杂和多元化，在这个过程中，社会发展的核心要素也在变化。农业社会的核心要素是土地，经济发展的重心体现为土地的扩张和农业产出的增加，产权、交易和分配等生产关系较为简单；工业社会的核心要素是资本，经济发展的重心体现为资本的积累和生产的扩张，生产关系强调分工、竞争和合作；信息社会的核心要素是信息技术，各主体之间以复杂的“竞争—合作关系”来追求更高的经济效率；数字社会的核心要素则是映射实体社会的海量数据，所有权、交易和利益分配等一系列经济现象的背后，是数字技术的有力支撑。

2021 年，“元宇宙”概念成为热词，指现实空间和虚拟空间相互融合的共融共生模式，强调人类社会将出现从未有过的“虚实相生”模式，想象空间巨大。“元宇宙”不等同于虚拟经济，也不仅是一种游戏或用户原创内容（UGC）平台，它从构建完整的经济系统，以及社交、娱乐、创作、交易等行为，向政务、公共卫生、生产制造系统等所有领域延伸、扩展。

1.1.3　数字经济

1996 年，著名经济学家唐·泰普斯科特出版《数字经济：智力互联时代的希望与风险》一书，首次提出“数字经济”概念。1998 年，美国商务部发布《新兴的数字经济》报告，正式提出“数字经济”概念。

数字经济是信息技术与产业深度融合后，引发一系列生产关系、社会关系的变化而形成的新型经济形态。数字经济代表了围绕数据这种关键生产要素所进行的一系列生产、流通和消费经济活动的总和。G20 杭州峰会（2016）发布的《二十国集团数字经济发展与合作倡议》对数字经济的定义具有代表性：“数字经济是指以使用数字化的知识和信息作为关键生产要素、以现代信息网络作为重要载体、以信息通信技术的有效使用作为效率提升和经济结构优化的重要推动力的一系列经济活动。”《中国互联网发展报告（2021）》（中国互联网协会）指出，2020 年中国数字经济规模达到 39.2 万亿元，占 GDP 的比重达 38.6%，保持 9.7% 的高位增长速度，成为稳定经济增长的关键动力。

数字技术正成为新一代信息技术的进阶迭代，为数字经济向高级阶段发展注入新动力。数字技术将带来更加精准的创新，推动智能制造和精益化生产，颠覆传统消费方式，成为全球高质量发展的动力。

数字经济与其他经济形态快速融合，其边界正在不断扩大，呈现所谓的“无边界”发展态势，影响力在不断提升、影响范围也在不断扩大。借助数据的传递和共享，不同产业之间、不同组织之间，乃至人与人之间、物与物之间的协同融合将无处不在，高效率、多样化的协同融合将为高质量的产业创新、商业创新和社会创新注入更为持久的活力。

数字经济对产业的影响是全面的。在产业的垂直方向上，通过数据的即时传递和共享，组织体系内与体系外的沟通将更加顺畅、便捷，将无法准确地区分和界定生产组织的边界，企业与上下游合作伙伴之间、企业与消费者之间的协同化程度越来越高。在产业的水平方向上，以数据分析应用为主要表现形式的应用方式可以与社会所有产业相结合，并通过产业融合催化出更多的新业态，实现无限可能。

1.1.4 数字经济与区块链技术

数字经济是一种与农业经济、工业经济截然不同的经济形态。数字经济的蓬勃发展，倒逼政府管理和社会治理进行全面性、根本性的变革与创新。数字经济具有数据化、智能化、平台化、生态化等特征。最大限度地释放人类的创造力是数字经济的内在需求，而由于既有制度环境的相对落后性，数字经济的发展将为现有社会经济格局带来巨大的冲击。

生产力与生产关系之间的适应性，体现为新技术与新业态以现实存在的“正当性”突破了传统模式、现有习惯，甚至法律规范。例如，区块链技术中的“去中心化”等一系列特征，就是对现有社会经济系统中普遍存在的“中心化”模式的重大突破。

数据作为数字经济的核心资源，与土地、劳动力、资本、技术等要素并重，同列为生产要素，在国民经济发展中具有基础性作用。数据具有可复制性、共享性、非消耗性等独特性质。要想实现经济高质量增长，就要充分发挥“数据”这一要素的作用。但在现实中，存在数据开放与共享程度低、数据安全性不高、数据隐私保护和数据产权界定难等诸多难题，有待进一步解决。

区块链技术是一种创新的数字治理技术。区块链技术的重要作用，体现为有效解决了数据要素在生产与利用中的关键问题，即信息真实性问题。信息真实性是网络世界的基础性问题。信息作为一种人造的符号，具有极易被篡改但又难以验证的不足，区块链技术为这一难题的解决带来了新思路。

此外，区块链技术也为另一个关键问题的解决带来了新思路，即在非安全环境中的协作，无须第三方信用中介的参与，仅凭技术工具就能实现节点之间的关系协调和价值转移。在完全陌生的环境中、在缺少中心化机构监管的情况下，实现数字资产的去中心化、点对点直接交易，展示区块链技术的优越特性和广阔的应用前景。

1.2　互联网的功能——信息传递

网络广泛存在于自然界中，即物理世界中存在大量的、真实的网络。网络的本质是节点之间相互通信——信息传递的简便性、自由化。

现代意义上的信息技术是以互联网为核心的信息技术。互联网的本质是网络，互联网的核心功能、本质特征是信息传递——实现地球上所有人之间信息传递的自由化。互联网是人工创造出来的、世界上最大的虚拟世界，所有互联网用户之间自由通信、信息互联，将地球变成真正的“地球村”，甚至实现万物互联。

1.2.1　万物互联——信息传递的多向性、交互性

万物互联是指万物之间的信息传递。

以互联网为核心的现代信息技术有两个主要特点。

一是万物连接，主要表现为人与人之间的连接（互联网），还表现为人与物之间的连接，以及物与物之间的连接（物联网）。只要有需要，就可以组网连接。

二是信息传递的交互性更加多向化、自由化，其发展经过多个阶段。

（1）单向信息传递的 Web 1.0 大门户时代，内容由网站编辑，用户只能接收信息，网页对用户只读、不可改写。

（2）双向信息传递的 Web 2.0 互动时代，如社交和点评网站，用户可以分享自己的信息。

（3）个性化信息集成的 Web 3.0 智能时代，用户可以得到基于大数据和算法

的、集成的信息服务，以保持永远实时在线，如微信平台的信息推送。

（4）2021 年流行的“元宇宙”概念可能成为 Web 4.0，即基于内容的服务形式创新和设备技术创新，如游戏平台可实现深度的交互与体验，通过虚拟现实（VR）和增强现实（AR）获得更加真实的用户体验。

以下是信息传递的发展过程，如图 1-1 所示。

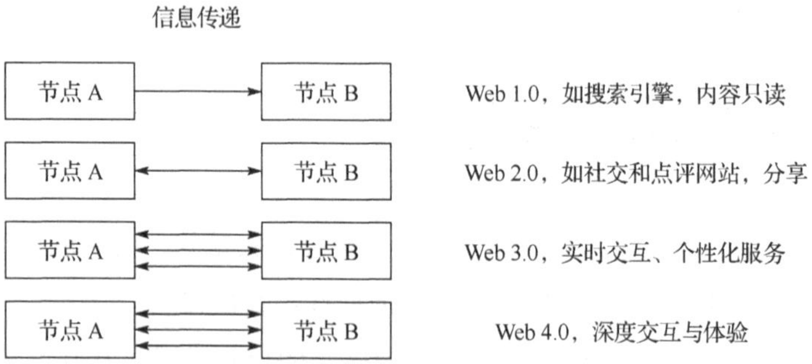

图 1-1　信息传递的发展示意图

从互联网到物联网，信息产生的内容从结构化数据到非结构化数据（大数据），信息产生的主体从人到物，信息产生的方式从手动到自动。但是，信息的收集、存储及传输仍然饱受不安全、不真实等问题的困扰，仍然需要不断发展信息技术来寻求这类问题的解决办法。

1.2.2　互联网的不足

信息世界始终存在与信息本身密切相关的、根本性和基础性的两个问题：信息真实性和信息传递的不安全性。下面重点分析信息传递的不安全性问题。

1. 信息传递的不安全性

在互联网中，信息传递的不安全性源自互联网的公开性、公共性。互联网解决了世界上任意两个对象之间的通信问题，即信息传递的问题。万物之间的联系仅限于传递信息，从物理上看只是在两个节点之间传递电磁信息。但这种万物之间的信息传递通道并不私密，因为整个互联网是公开的、公共的，从而导致互联网必然存在信息传递的不安全性问题。信息传递的不安全性将导致接收到的信息可能已经被非法篡改，而只有真实的、可靠的信息才是有用的信息，所以信息传递的不安全性是互联网最重要的问题之一。

信息传递的不安全性的内涵包括以下几个方面。

（1）互联网如何甄别所接收到信息的真伪。

（2）互联网如何防篡改、保护隐私。

（3）互联网如何杜绝假信息。

（4）互联网中各个节点之间如何建立信任、监控信任、维护信任。

除了上述两个问题，互联网还有一个不足——无法进行价值转移。

2. 无法进行价值转移

互联网天然不是价值转移的物理通道。

互联网很好地解决了人类社会的信息传递问题，但是对于价值转移仍然没有完善的解决方案。互联网中各个节点之间为陌生关系，缺乏互信基础，在价值转移的过程中，如果缺少第三方信用中介的保证机制，则必然出现大范围的违约行为。所以，互联网中的价值转移需要第三方信用中介的支撑，采用第三方信任机制，利用第三方机构的强制力来确保交易双方守信。例如，现实中的市场监管部门、交易所、公证处等都是典型的第三方信任机制。

社会经济系统中的价值转移存在多种信任机制。在小规模社会群体里，价值转移主要依靠个人信誉和百年老店的金字招牌，即熟人社会模式；在大规模社会群体里，则主要依靠国家权力机关的信用支撑，如市场化机制和法治。熟人社会、市场化机制和法治等信任机制本质上还是依赖于人自身。长期以来，对于信任机制的建立，研究者一直希望找到一种不依赖于人的控制的实现方法，如采用技术来代替人的监管。

区块链技术利用技术来构建新的信任机制，这种创新的信任机制完全依赖于技术系统来实现。区块链技术以“技术自治”的模式来构建节点之间的信任关系，这是对传统信任机制的颠覆式创新，改变了千百年来依赖于人自身的信任机制，可能彻底改变整个人类社会的价值转移方式，打开人类社会与经济关系变革的新大门。

1.3 价值互联网——如何在网络中实现价值转移

1.3.1 基于网络的价值转移

网络由节点与通道组成。但节点之间是陌生关系，且通道具有不安全性。在不安全的通道中传递信息进而转移价值，需要解决一系列技术问题。

互联网实现了信息的传递，却难以实现价值的点对点直接转移，主因在于点对点之间缺少相匹配的信任机制。另外，信息本身可以被无限复制，所以信息传递也具有无限性，这种无限性与价值转移的确定性、有限性形成矛盾。例如，互联网上虚假信息泛滥，印证了互联网并非高度可信的网络。

价值是什么？经济学中的价值，泛指客体对于主体表现出来的积极意义和有用性，视为能够公正且适当反映商品、服务或金钱等值的总额。马克思主义政治经济学认为，价值是指凝结在商品中的无差别的人类劳动，分为使用价值和交换价值。

商业价值是指商品具有可交换性。所以，商业价值本质上是交换价值的表现。不能进行交换（转移）的价值，只对特定的、拥有该价值的主体具有有用性。在金融及资本市场中，资产具有价值，但资产的可交换性（流动性）是资产的关键属性，体现该资产的变现特性。

在商业交易中，有价值的商品和资产交易的主要模式有以下三种。

（1）物物交换，实物价值面对面交易、转移，一物换一物，价值直接转移。

（2）物币交换，实物价值面对面交易、转移，一手交钱、一手交货，价值直接转移。

（3）单证交换，实物价值没有面对面交易、转移，一手交钱、一手交单。

价值可以用信息（以数字形式）来表达，这样就可以通过网络来传递表达价值的信息，但要求人们必须严格遵守相应的约定。所以，价值转移一定要建立在信任的基础上，只有这样参与价值转移的人才不会恶意、蓄意破坏转移规则，违背事先的承诺，最终才能完成价值转移。

信任意味着大家共同遵守约定的规则，即共识。所以，基于网络的价值转移是指人们遵守约定的规则，安全、可靠、可信地传递表达价值的信息。第三方信任机制采用的是强制力的方式来约束参与者的违约冲动，而区块链采用的是类似民主的监督机制，参与者共同监督，从而确保价值转移的实现。

1.3.2　价值转移的条件

在互联网中进行价值转移，必须满足以下三个条件。

1. 用数字表达价值

在互联网中进行价值转移，必须满足的第一个条件是用数字表达价值。

互联网不能传输具有价值的实物、非实物，只能传输用数字表达的电子信号。无论互联网利用什么方式传递信息，都只是传递信息本身，但信息本身不具有价值尺度，或者不能货币化信息本身。例如，一封电子邮件可以发送出去很多份，但电子邮件本身不具有价值尺度，或者无法标定电子邮件的货币价值。

所以，在互联网中进行价值转移，转移的只能是数字化的价值，即数字符号（字符串）。

用数字表达价值，必须满足以下三个条件。

1）体现价值的内涵特性

价值具有唯一性、客观性、真实性、公允性，可以用价值尺度来度量（如货币）。例如，客观存在的商品就具有真实存在性、唯一性（编码）、价格上的公允性；数字化的价值是虚构的价值，但当它得到所有参与者的认可时，也就具有了公允性（如比特币）。所以，价值是人类社会特有的存在。

2）体现价值的特定化

当价值表现为数字形式时，数字化的价值就是一串独一无二的字符串，或者说是特定的字符串。但由于字符串是人造的，理论上任何字符串都能被复制，所以必须由人来确认、保证这一事实，即某一字符串就代表某一价值，不允许复制或复制无效。例如，如果任何人都可以对数字货币进行复制，就相当于人人都可以使用假钞。现实中的纸质货币是实实在在、看得见摸得着的货币，而数字货币是存储在计算机网络里的一串数字，数字货币和纸质货币在技术实现层面有着本质的区别。

3）体现价值的所有权

价值为主体所拥有，主体必须对价值独立占有。当价值表现为物权时，该物权具有对世性，即当主体占有某一物权时，世界上的其他人就不可以再占有这一物权，当物权发生转移时，主体就必须放弃这一物权，转由另一个主体来占有，两个主体不能同时占有同一物权。同理，当数字化的价值发生转移时，表达价值的字符串不能被两个或两个以上的主体同时占有，即所谓的“双花问题”。

2. 保证信息传递的真实性

在互联网中进行价值转移，必须满足的第二个条件是保证信息传递的真实性。

人们采集信息是为了还原某一事实，进而根据事实进行判断和决策。例如，某地发生火灾，人们通过观看实时直播，可以比较真实地判断火灾的事实；如果只是接收到文字的报道，那还原事实的程度会大打折扣。

当以信息来表达价值时，信息传递就必须满足真实性这一基本条件，因为信息的真实性代表价值的真实性。

信息真实性的概念模型包括三个部分——源头真实、保真传输、真实性检验，如图 1-2 所示。

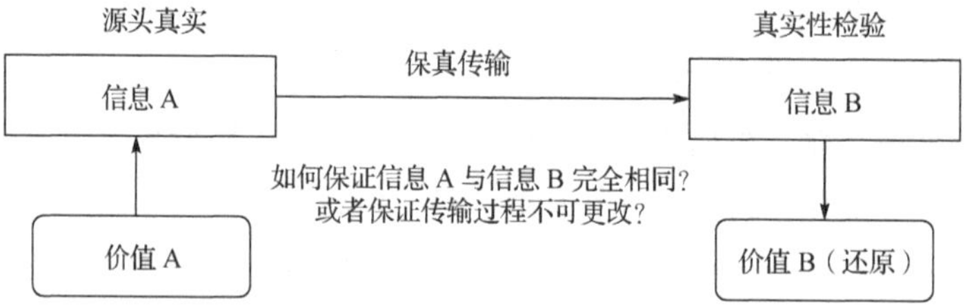

图 1-2　信息真实性的概念模型示意图

保真传输是为了实现价值 B 能对价值 A 真实还原，即保证信息 A 与信息 B 是完全相同的。信息保真的内涵包括三个方面。

（1）信息 A 是价值 A 的真实反映，称为价值的源头真实。

（2）信息 A 在传输过程中完全无损无增，或者说在传输过程中不可更改。

（3）接收到的信息 B 要与信息 A 完全相同。因为传输过程或传输通道是不可控的、不安全的，所以需要设计相应的检验机制。

3. 解决关键的“双花问题”

在互联网中进行价值转移，必须满足的第三个条件是解决关键的“双花问题”。

现实中的交易，为保证交易中不出现重复支付问题，需要第三方信用中介的参与。例如一房多卖问题，指出卖人以同一房屋为标的物订立数个买卖合同，分别出售给数个买受人。要解决一房多卖问题，必须由住房和城乡建设局这一高信用的机构来保证同一房屋不会被多次出售，从而保证购房合同的有效性、合法性。

互联网作为信息传递的网络，通过加密、解密等技术手段可以保证信息的安全传递，但互联网不能解决所谓的“双花问题”。因为当采用点对点交易时，并不存在一个高信用的中介节点来参与交易，并对交易双方进行监督。缺少信用中介使数字化的价值（如数字资产）不能通过网络来直接转移。

价值转移的“双花问题”示意图如图 1-3 所示。

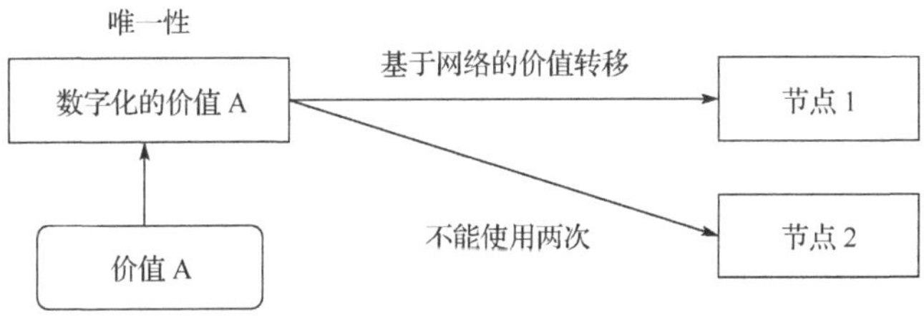

图 1-3　价值转移的“双花问题”示意图

1.4　区块链技术的产生与发展

区块链技术的出现，最早可以追溯到比特币系统中。区块链技术的发明者在比特币实验中采用了区块链技术，这使比特币首次在完全陌生的环境中、在缺少中心化机构监管的情况下，实现数字资产的去中心化、点对点直接交易。

区块链的本质是现代信息技术、现代密码学、网络管理激励机制的集成，是一门集数学、金融学、法学等学科为一体的，主要用于解决人与人之间信任问题的学科。

1.4.1　比特币产生的背景

早期的数字代币研究者试图创立数字化的货币，绕过现有的国家货币系统来实现去中心化的价值转移。从金属货币到纸质货币、电子货币，再到包括比特币在内的数字代币实验，是一个不断创新、不断替代的过程。基于区块链技术的比特币，通过分布式账本机制实现了数字代币质的突破。

美国计算机科学家和密码学家大卫·乔姆是研究数字代币的带头人。早在互联网诞生之前，他已经开始研究怎样用技术来保护隐私，并于 1983 年首次提出把加密技术应用于替代现金支付的想法，提出使用盲签技术实现匿名的网络支付系统。虽然盲签技术解决了加密货币的匿名性问题，但是仍然需要中心化机构参与每笔交易。大卫·乔姆在 1993 年创建了 eCach 数字化支付系统并投入运营，但当时的顾客并不关心个人隐私的泄露和安全问题，eCach 数字化支付系统一度受到冷落，公司也于 1998 年破产。该系统明确提出不需要第三方权威认证、采用对等（P2P）网络的特点。大卫·乔姆创建的电子现金系统是加密货币的先驱，激励了密码学家不断研究，后来大多数的加密货币都以盲签技术为基础。

比特币涉及的另一项重要技术是时间戳（Timestamps）。斯图尔特·哈伯和斯科特·斯托内塔在 1991 年发表论文，提出用时间戳保证数字文件安全记录的方法，以准确地反映出文件创建的顺序。时间戳服务器对每份文件进行认证，认证的方法是对包括指向前一份文件认证的哈希指针、当前时间和文件内容三条信息进行签名，每份文件的认证都确保了前一份文件内容的完整性。通过指针串接后，每份文件的认证都确保了前面所有文件内容的完整性。

数字代币面临的一个很大问题是如何确保自身值钱。要想使数字代币具有价值，必须将其与稀缺性相关联，如黄金。有人思考是否可以设计一种系统，通过花费时间解数学题来生成数字代币，从而保证数字代币的稀缺性，赋予数字代币价值。亚当·贝克在 1997 年创造了哈希现金，其方法是“工作量证明机制”，其后中本聪把这种通过解数学题的工作量证明机制用于比特币挖矿机制，成为比特币的核心要素之一。

1998 年，计算机、密码学家戴伟提出一种匿名的分布式加密货币系统 B-Money，也称 B 币，是比特币的前身。其核心思想是在 P2P 网络里，每个人都可以通过类似哈希现金的方法创造数字代币。B 币系统设计了复杂的奖惩机制，以解决作弊问题，但没有解决全网节点的账本同步问题，因此并未被广泛应用。尼克·萨博也提出了类似的方案，叫作比特黄金（Bit Gold），同样没有解决账本同步的问题。

数字代币的发展表明，比特币并不是个人偶然的杰作，而是众多研究者智慧的结晶。比特币是数字代币的一次成功实验，是在以前研究者对数字代币不断创新、不断积累的基础之上实现的质的飞跃。从加密货币、时间戳到哈希现金、B 币、比特黄金，这些研究为比特币的匿名性、稀缺性、不可篡改性、可追溯性等特性的实现提供了理论基础。

1.4.2　比特币系统的诞生

比特币系统数千个分布式节点 7×24 小时不间断运行了十几年，在这期间未出现过重大的漏洞，被世界范围内的众多机构所接受，可视为一次成功的去中心化实验，展示了区块链技术的优越特性和广阔的应用前景。

1．论文《比特币：一种点对点的电子现金系统》

2008 年 11 月 1 日，中本聪发表了一篇题为《比特币：一种点对点的电子现金系统》的论文。该论文是中本聪为回复澳大利亚企业家詹姆斯·A.唐纳德针对 eCach 数字化支付系统的质疑而写的。

论文详细描述了创建一套去中心化、完全通过点对点技术实现的电子现金系统的过程，并说明在线支付能够直接由一方发起并支付给另一方，中间不需要通过任何金融机构。论文分析，数字签名部分解决了点对点交易问题，但仍然需要第三方的支持才能预防双重支付问题，所以这种系统也是没有价值的。为预防双重支付问题，可以通过随机散列为全部交易加上时间戳，将它们合并入一条不断延伸的、由随机散列链接的工作量证明链条中，且作为交易记录。除非重新完成全部的工作量证明，否则形成的交易记录将不可更改。

论文简洁地阐述了 eCach 数字化支付系统的五个主要特性：可以用 P2P 网络解决双重支付问题；没有类似铸币一级的第三方信任机构；使用者可以完全匿名；可以用哈希现金形式的工作量证明机制来生成新的代币；用来生成新的代币的工作量证明机制同样可以用来预防双重支付问题。

论文的核心思想是将最长的链条作为事件序列的证明，系统本身需要的基础设施非常少，工作量证明链条可作为交易的证明。可见，比特币系统在本质上是一种电子化的记账系统，技术要点是 P2P 网络可阻止“双花行为”，经济要点是“挖矿”具有激励参与者的效应。

2. 比特币产生的重要事件

2009 年 1 月 3 日，中本聪开发出首个实现了比特币算法的客户端程序，并进行了首次“挖矿”，获得了第一批 50 个比特币。这标志着比特币实验系统正式诞生。其中，区块链的第一个区块诞生，该区块又名“创世区块”。创世区块中包含着这样一句话“Chancellor on brink of second bailout for banks”（财政大臣正处于实施第二轮银行紧急援助的边缘），这句话是《泰晤士报》当天的头版文章标题。这个条件信息既是对创世区块产生时间的说明，也告诉人们一种全新的数字代币交易体系已经诞生。

2009 年 1 月 12 日，中本聪发送了 10 个比特币给密码学家哈尔·芬尼。

2010 年 7 月，比特币交易所 Mt.Gox（于 2014 年破产）的成立标志着比特币的价值得到广泛的认可，其后比特币价格出现大起大落。

此后，全球兴起比特币挖矿狂潮，造成巨大的电力资源消耗。世界上不同国家对于比特币及类似数字代币持不同的开放态度。

1.4.3 数字资产与数字货币

去中心化的区块链技术所带来的金融创新，发端于支付领域，后扩展至融资领域。比特币等一些加密数字形式的所谓“货币”的叫法很多，如数字货币、虚拟货币、数字代币等，极易给非专业人士带来困扰，甚至给不法分子带来投机或非法融资的渠道，因此有必要厘清这些概念。

首先要明确一个重要的概念，就是类似比特币等数字代币绝非“数字货币”。比特币等数字代币产生于数字领域，起源于网络空间，理论上是一种虚拟资产，称其为“数字资产”较为合适，因为其具有一定价值且具有“资产”的某些特征。

以比特币为代表的数字代币被定义为数字资产，目前被美国等国家所承认。数字资产基于分布式账本技术且可以被电子化转移、存储或交易。因此，数字资产包括支付领域中的数字代币（支付代币），以及融资领域中通过 ICO 的数字代币（使用代币和证券代币）。

1. 数字代币

数字代币的金融创新是有限的，主要表现为其两大核心功能（支付与融资功能）的有限性。

1）数字代币的支付功能有限

在比特币二级市场中，价格受供求关系影响而波动极大，“币值不稳”严重限制了比特币“初心”的实现，即绕过现有的国家货币系统并取代法定货币。比特币价格的大幅波动严重制约了其作为“计量尺度”的货币的基本功能，更重要的是缺乏国家信用背书的法偿性，其真实价值几何不得而知，所以其“货币”属性争议不攻自破。但比特币的支付功能所体现的技术上的先进性、便利性还是十分有价值的。

2）ICO 融资模式具有高风险

ICO（Initial Coin Offering），一般译为“首次代币发行”。它几乎处于既有监管体系的“法外之地”，高风险随之而来。作为区块链项目筹措资金的常用方式，早期参与者可以从中获得初始产生的加密货币作为回报。由于代币具有市场价值，能够兑换成法定货币，因此在一些国家可以作为项目的开发成本。ICO 的数字代币可以基于不同的区块链发行。目前较为常见的是基于以太坊（ETH）和比特股（BTS）区块链发行，由区块链提供记账服务和价值共识，以实现数字代币的全球发行和流通。

金融领域正规的首次公开募股（IPO），为方便融资、保护投资者利益，须遵守非常严格的证券公开发行监管政策。而数字代币的发行几乎不受监管，甚至成为不法分子的利用工具。

（1）发行没有门槛。数字代币的发行过程是先发布白皮书，随后在网络上销售，缺乏传统公开募集资金的充分信息披露，并且缺乏配套的专业服务机构以信用背书来严格控制发行人进入公开资本市场。ICO 行为事先无须通过上市公司的股东大会、无须发布公开募股书，也不用向证券交易管理部门报批，省去一切程序，仅由项目发起人发布一份白皮书便可开始数字代币融资。

（2）投资者的盲目性。对于白皮书的内容，并没有专业的第三方机构进行调查和客观评价。投资者想要了解项目的主要情况就只能通过白皮书，投资决策也只能依据白皮书的内容做出，对白皮书内容的真实性无法判断，也缺乏区块链领域的专业知识，极易导致盲目投资。

（3）募资体量不受控制。ICO 所谓的“众筹”功能，动辄上亿美元的募资体量太大，并不符合众筹豁免证券监管的募资上限要求。由于缺乏合理的监督和审计规则，项目资金不能得到监督，因此ICO市场极易发生资金使用不规范的情形，容易出现“庞氏骗局”。

（4）发行人退出不受控制。尽管在实践中有的发行人直接向机构投资者折价销售数字代币，似乎契合私募发行的特征，但其并未设置转售限制。数字代币发行成功后，二级市场的存在使机构投资者可以迅速变现，将创新企业发展的风险转嫁给缺乏风险承受能力的公众投资者。

所以，ICO作为一种短期内募集大量资金的融资方式，借助比特币等加密货币及相关的区块链技术，在技术和应用前景上打开了无穷的想象空间，但也被不法分子利用成为投资炒作的工具。借着数字货币热潮，国内通过发行代币的形式（包括ICO）进行融资的活动大量涌现，投机炒作盛行，涉嫌从事非法金融活动，严重扰乱了国内的金融秩序。

ICO在我国曾经被不法分子大量利用，最终被我国禁止也是必然的结果。基于此，中国人民银行、中央网信办、工业和信息化部、原国家工商总局、原中国银监会、中国证监会、原中国保监会七部门于2017年9月4日正式发布公告叫停ICO融资。对于发行虚拟货币募集资金的行为，目前国内已有相关判决，认定其为“非法吸收公众存款”。例如，2017年7月北京市第二中级人民法院对虚拟货币“华强币”一案做出最终判决［（2017）京02刑终349号］，判定被告人犯组织、领导传销活动罪，非法吸收公众存款罪。该案中被告人通过发行“华强币”这一虚拟货币，发展下线，吸纳资金，共计发展11层780余人，涉案金额600余万元，最终获刑2年至5年。

2018年，美国证券交易委员会发布《关于对虚拟货币采取强制措施的联合声明》，打击虚拟货币领域的违法行为，提出针对虚拟货币领域的行为，特别是ICO，监管机构应当实行穿透视分析，判断项目的性质，实行对应的监管措施。可见，美国将ICO等有关虚拟货币领域的行为，事实上视为证券行为，则有关证券行为的违法犯罪的刑法规制同样适用于ICO领域。

2. 数字货币

首先要区分电子货币与数字货币的概念。与传统的纸质货币相比，基于账户的电子货币已经成为一国货币的主要形态。电子货币不是数字货币，而是法定货币的电子化。银行卡、网银、电子现金等都属于电子货币，是银行体系的一部分。

随着网络支付和移动支付的普及，人们已经极少使用现金，多采用微信支付等电子支付形式。

数字货币不是指比特币之类的加密货币、虚拟货币或数字代币，后者都不是法定货币。只有各国央行发行的数字货币才是真正意义上的货币，即法定数字货币。根据《中华人民共和国中国人民银行法》的规定，人民币是中国唯一的法定货币，因此数字货币不具有与法定货币同等的国家信用基础。央行数字货币的本质在于由央行发行，有国家信用背书，并不一定要采用区块链技术，要求必须是央行发行的货币且以数字形式表达。

以比特币为代表的数字资产，无法有效履行货币的交易媒介、计价单位和价值储藏三项基本职能，自身尚未具备成为真正货币的条件，更别说取代有国家信用背书、具有最高价值信任的法定货币。

1.4.4　区块链通证

在区块链技术体系中，通证是可流通的加密数字权益证明。通证（代币）是资产在区块链上的价值表示。区块链通证所表达的资产，即资产支持代币，其价值来源于其所代表真实资产的价值。通证可以在区块链系统中进行转移和交易，持有人最终可用代币向发行人兑换其所代表的外部资产或权益。例如，线上资产包括音乐版权、文学作品等可以表达为通证，线下资产包括商铺、房产、机器等也可以表达为通证。可以简单、直接地将通证理解为资产的数字证明。

在区块链技术体系的概念中，“通证”（Token）一词被赋予了太多的内涵与功能，甚至提出了“通证经济学”的概念，似乎“不发币”、缺少“通证”应用就不是区块链技术。但“通证”这种方法与经济领域问题的解决之间仍然存在较大差距。

仅从概念上讲，通证就是一张证明，在形式上不具有任何价值与意义。只有在由具有信用的主体（出票人、债务人、发行人）对通证所声称的“特定价值”进行说明、量化、确认、承诺、保证、背书，且持有人确保最终能由发行人兑付时，通证才具有价值。所以，合法合规的通证必须满足以下四个条件。

（1）发行人必须是特定的高信用主体。

（2）通证是可以被量化的，其所代表的价值必须明确化、可以被计量且合法合规。

（3）通证只有在一定的范围内才可以进行流通、交易、拆分。一定的范围如特定的交易所、某一供应链。

（4）通证的价值最终由发行人来兑付（如付现），发行人主体资格消亡，则通证的价值可能随之消失。

可见，通证的发行以高信用资产为基础，对主体资格有较高的要求，且要求通证的价值特定化。如果通证没有被特定化且转化为数字资产，就不存在相应的价值，也不能被计量，最终成为类似“空气币”一样的道具。价值或资产不能凭空产生，主观意愿与空洞的概念都不能创造出通证的价值，通证所代表的价值必须依附于主体而存在。

通证就是证，可以代表票据、债券，对持有人来说是未来可以兑付的权益，对发行人来说是特定的债务，通证最终必须由发行人来兑付。所以，通证的流通必须有合格的主体为其进行债务背书和承诺兑现。特别是在实体经济体系中，与虚拟经济不同，所有有价值的东西都必须在系统中、利用资源才能创造出来。

1.4.5 区块链技术的发展及应用

区块链技术出现以后，其在金融领域的重要价值迅速得到各国的重视，各国纷纷加大对区块链技术开发与应用的投资。多数知名银行从 2017 年开始实施与区块链分布式账本有关的项目。国际货币基金组织、国际清算银行、欧洲央行等倡导先开展支付与结算应用，英国侧重智能合约、汇款应用，美国侧重二级市场交易、汇款，日韩侧重银行业务方面。

在金融领域，区块链创新风险控制机制是研究与应用创新的焦点所在。区块链技术在数字货币、支付清算、数字票据、银行征信管理、权益证明和交易所证券交易、保险管理、金融审计等领域得到广泛应用。大型银行纷纷成立实验室进行相关项目的研发。2014 年，瑞银集团在伦敦成立了区块链金融研发实验室，探索区块链技术在支付、数字货币和结算模式等方面的应用前景。2015 年 6 月，桑坦德银行通过金融技术投资基金 Inno Ventures 进行区块链实验，研究如何将区块链技术应用于传统银行业。它发现有 20~25 种可以使用区块链技术的场景，认为“区块链技术每年可节省 200 亿美元的国际交易清算成本”。Ripple 网络在 2016

年 10 月与 R3 联盟进行去中心化境外转账实验，从而解决现有的境外交易清算慢并且需要集中化清算的问题。

金融交易是区块链技术的最佳应用场景。其基本原理是在弱中心化系统中产生计算信用，减少对中心化机构信用背书的依赖，体现出“金融脱媒”的属性，这将为第三方支付、资金托管、证券发行、清算等业务带来颠覆性的变革。在互联网金融领域，区块链技术适用于股权众筹、P2P 网络借贷和互联网保险等商业模式，以穿透全业务链的信用自证方式在不安全环境下建立具有信用的交易链。在证券和银行业务中，存在传统的高昂人工操作成本和跨机构间的协调成本，而利用智能合约机制和可编程机制，能够极大地降低成本并提高效率，减少烦琐的集中化清算交割过程。

智能合约作为自主参与经济活动的代理，能够高效、准确、自动地执行，从而使众多产业的商业模式，甚至产业结构发生巨大变化，合约执行的自动化、极低的执行成本可解决现实中合约执行难的顽疾。目前主要的智能合约开发平台有区块链智能合约系统（IBM）、RootStock 智能合约平台（RSK）、Corda 智能合约平台（R3 联盟）、超级账本（Linux）、以太坊智能合约平台，国内主要有数贝投资、万向区块链实验室、小蚁项目。

在资产管理领域，区块链技术开始显示出重要的应用价值，可以实现各类资产的确权、授权和交易监管的实时性。对于在虚拟环境下难以监管、保护的无形资产，区块链技术可以基于时间戳技术和不可篡改等特点，实现对这类资产的监管与保护。而对于有形资产，区块链技术可以在虚拟环境下实现现实世界中的资产交易功能，如对资产的授权和使用控制、产品溯源等应用。

2016 年，业内称之为“区块链元年”，区块链技术的价值开始被关注和挖掘。对于区块链技术的研发与应用，我国与欧美发达国家基本上同时起步，我国与区块链相关的研发企业及应用案例增速甚至超越美国。从 2016 年起，国内以招商银行、民生银行、平安银行等为代表的传统金融机构，以蚂蚁金服、京东金融和度小满为代表的金融科技平台企业，以及众多的区块链技术开发企业，开始探索区块链技术在金融和社会信用领域的应用。

2017 年，业内称之为“区块链应用元年”。自 2017 年以来，我国在跨境支付、供应链金融、数字票据、资产证券化等领域涌现许多平台并开始落地，如招商银行区块链跨境清算、布比区块链供应链金融、浙商银行数字汇票应用、京东和百度的区块链资产证券化平台，引发业内的高度关注。跨境支付可以解决传统支付到账周期长、费用高、交易透明度低的问题，在不需要第三方支付机构参与的情况下，实现国际转账的快速到账。供应链金融可以解决交易真实性证明和单证操作高成本问题。数字票据可以解决中心化系统的脆弱性及假票等问题。资产证券化则可以解决基础资产的信用问题，简化交易流程、降低操作成本。

在数字化和网络世界中，许多创新的财富创造模式基本都是网络化组织，参与者之间多为陌生关系，甚至永不见面，但也实现了商业交易、共同创作、公益募捐、股权投资等活动，以智慧化技术手段在陌生关系中构建信任关系，实现了高效率的协作。

下面介绍几个区块链技术在一些领域的典型应用。

（1）金融服务。区块链技术可以实现数据传输的高可靠性，达到简化流程、交易可追踪、节约成本、减少错误及改善数据质量等目的；可以重构金融业基础架构，提高金融系统的透明性；利用点对点的价值转移可以极大地提高交易效率，如利用区块链技术进行实名认证、清算、结算、支付等。

（2）数字版权。对包括数字音乐、数字图书、数字视频、数字游戏在内的文化娱乐产业来说，保护数字形式的版权是产业发展的关键。而传统技术手段难以解决这些数字资产的篡改、盗版及交易纠纷。利用区块链存证，实现数字资产的唯一性证明，利用区块链技术进行数据脱敏交易、点对点交易，可以极大地释放数字资产创造与交易的活力。

（3）慈善公益。慈善以获得公众的持续支持为基础，而信息透明化是获得公信力的前提。公益机构因一直存在信息不透明和信息不能自证问题而受到质疑，甚至引发公信力危机。通过资金流转数据的上链，捐赠人可以获得精准的资金走向和使用信息，从而维持和激发其参与的热情。

（4）供应链。供应链是多主体参与的协同链，存在大量的交互和协作。通过区块链技术构建分布式存储和分布式账本，交易各方之间可以实现公开透明，从而在整个供应链条上形成一条具有穿透性、完整且流畅的信息流。分布式账本能较好地解决供应链体系内各参与主体之间的纠纷，实现举证与追责的简易化、低成本化。

（5）医疗健康。医疗行业是典型的“数据孤岛”模式，数据被分散存储在各个机构与业务模块中，要获取不同机构、不同业务模块中的数据，效率非常低、难度非常大，医院和医院之间、医院和保险公司之间的数据共享十分困难。通过区块链技术建立医疗行业联盟链，可以实现数据共享，极大地提高医疗行业的数据效用，降低治疗成本。

（6）社会管理。社会管理是可以广泛应用区块链技术的领域之一，包括投票、身份认证、公证、信用管理、工商管理等。

（7）共享经济。共享经济在去中心化的模式中具有较高的效率，而目前的共享经济还是采用将传统的公司作为中介方的模式。用户通过平台实现使用权的连接，通过区块链技术构建自治系统，利用智能合约实现业务自动化，这才是共享经济的更合理模式。

1.5　正确理解区块链技术

了解以下几个观点有利于加深对区块链技术的理解。

1）区块链技术的创新性

区块链的关键技术是密码学和共识算法，它所采用的大部分技术都是由现有技术整合而来的，并未发明新的技术、开创新的技术体系。区块链技术通过对现有技术的组合、集成，而实现现有技术不能实现的新功能，这也是一种创新。

2）区块链技术和分布式账本技术的区别

区块链技术和分布式账本技术是两个不同的概念。前者通过一定的技术手段来实现去中心化的分布式账本，而后者则是所有能够实现分布式账本的技术的总称。分布式账本主要强调在不同的地理位置、多个节点或多个机构之间组成的分布式网络中实现共同管理和分享账本数据。通常把区块链技术和分布式账本技术同时提出来，是因为两者之间有共同点。实际上，区块链是一种去中心化的分布式账本技术，也是实现分布式账本的主要技术手段之一。

3）区块链的去中心化是绝对意义上的去中心化吗

区块链的去中心化并不是绝对意义上的去中心化。区块链系统是人造的软件系统，所以必须有人来构建这个系统并管理这个系统，必然需要有一个中心化机构来保证将人类意志变成“算法”并施加到区块链上。这个技术意义上的中心化机构不可能是民主、分权式的，因为这是专业化的工作，不可能由所有参与者来完成。比特币代码的开发和维护权限掌握在比特币核心开发团队手里，这本身就是中心化模式。将“去中心化”理解为“去中介化”更符合实际情况，没有中间环节，降低交易成本，提高交易效率，这也是区块链技术的关键所在。去中心化的实质是将以人为中心的治理机构，变成以技术、算法为中心的技术自治模式。

4）区块链对数据库的替代性

区块链不是传统意义上的数据库技术，不会替代现有主流的数据库系统；区块链技术构建的所谓“价值互联网”，也不是要替代现有互联网。业界有一些观点认为区块链颠覆了数据库，或者采用分布式数据库取代集中的传统数据库（如 Oracle 等），这种想法显然没有理解账本与数据库之间的本质区别。分布式账本并不具备现有数据库系统的全部功能，尤其不具备现有数据库系统优秀的数据管理功能，不会作为独立的数据库使用，难以承载海量的数据。所以，现有数据库系统仍然不会被替代，仍然将被大量使用。

5）区块链技术不能构建独立的应用系统

用区块链技术构建应用系统，无法离开互联网、数据库等技术的支持，脱离这些现有技术将无法形成实用的应用系统。因此，采用较多的是“×+区块链”“区块链+×”的集成化模式。

6）区块链技术与信息的真实性

区块链技术只能保证加密后的信息不被篡改，而不能保证存储之前的信息的质量与真实性。信息在进入区块链之前，如果存在“错误、不真实”，则区块链完全不能对这些“错误、不真实”进行检验、排除、监管，只能保证信息的传递过程及信息的确认行为等不被篡改、无法抵赖。另外，为保证加密后的信息不被随意修改，除非共识机制中有一半以上的决策者同意修改，否则任何人都无法修改区块链中的信息，这是区块链技术的基本功能。区块链技术不能事先保证信息的真实性，也不能改善信息的真实性。

（1）信息越真实、越实时，说明信息越有信用价值。严格把关信息的真实性与保证信息不被篡改同样重要。

（2）区块链技术只能保证信息在加密以后不再具有被篡改、丢失的风险。

（3）如果加密后的信息有错误，那么错误发生不晚于信息进入区块链的时间。

（4）加密后的信息是不可篡改的信息，不能抵赖信息不可篡改这一事实。

（5）区块链技术不对信息的质量负责，信息的质量取决于信息的获取方式和信息的验证技术。

（6）加密后的信息所记载的事件一定发生于时间戳时刻之前。

7）区块链不是完美的技术

区块链的很多思想甚至可以上升到哲学，如折中妥协。所谓“鱼和熊掌不可兼得”，如果要把去中心化做到极致，则必须牺牲包含处理时延在内的其他性能。区块链正是因为在数字货币的发展史上找到了一个完美的平衡点，才得以蓬勃发展。相信读者学习与研究区块链的过程，也是人生进阶的过程。

8）哪些系统不适合应用区块链技术

在客观世界中，人与人的关系是依赖法律、社会文化（如契约精神、道德）、习惯等来实现的。在社会组织中，在企业、学校、机关等单一化的组织内部，多依赖行政管理权力来处理各类利益关系，由行政管理者主导组织中所有节点的行为管理，对所有决策（包括利益分配）具有裁决功能，属于完全行政化的组织。这类组织的内部管理没有必要采用分布式账本作为治理工具，因为系统内的节点并不是可以谈判的交易关系，而是由行政管理者主导组织内部的秩序。

第2章

区块链技术原理

2.1 区块链技术基础

2.1.1 密码学的价值——消息如何传输

1. 消息、信号、数据、信息

消息（Message）指的是信号要传递的内容，是本质。例如，狼烟是中国古代边防兵发现敌情时在烽火台点燃的烟火信号，这种信号要传递的消息是敌情。

信号（Signal）是消息传输的形式，是载体。信号也是数据的载体和工具、数据的物理表达形式，信号使数据以适当的形式在介质中传输。从广义上讲，信号包含光信号、声信号和电信号，人们通过对光信号、声信号、电信号的接收，才知道对方要表达的消息。

数据（Data）是指数字化的信息，数据只有转换为信号才能传输。在数据通信过程中，被传输的二进制代码（或者说数字化的信息）被称为数据。数据是信息的表现形式和载体。

信息泛指人类社会传播的一切内容，是一个抽象的概念，是一切事物存在方式和运动状态的本质属性与客观反映。信息的具体化，则可以解释为数据、消息中所包含的意义。信息论的奠基人香农认为“信息可用来消除随机的、不确定的东西”，这一定义被人们看作经典性定义并加以广泛引用。

“信息”一词在英文中为“Information”。经济管理学家认为“信息是提供决策的有效数据”。信息管理专家霍顿认为：“信息是为了满足用户决策的需要而经过加工处理的数据。”简单地理解，信息是经过加工的数据，或者说信息是数据处理的结果。

2. 密码学概述

密码学是一门研究能够将可识别的正常信息转换成不可识别的隐秘信息并进行传播，同时能够将不可识别的隐秘信息还原成可识别的正常信息的方法和原理的学科。

密码学的主要功能是实现对信息的保密。需要保密的信息肯定具有极高的价值，掌握这一信息对己方有利，而这一信息若被他方或敌方知晓，则可能给己方造成巨大的利益损失，所以密码学具有极高的应用价值。

密码学可分为古典密码学和现代密码学。古典密码学源于人们对特定信息的保护，如暗号、字谜等，属于对称加密。在古典密码学中，加密规则通常由发送者和接收者同时掌握，并且编码和破解主要依赖于发送者与破解者的能力及技巧。随着科技的进步，古典密码学不断实现了机械加密、现代密码加密和数据加密。

现代密码学是网络存在、信息安全的基石。信息是私有的，但在传输的过程中则是公开的，容易被他方获取。互联网作为公用的通道，在传输的过程中并没有对传输中的信号、信道进行单独的处理，别有用心者很容易通过技术手段获取不属于自己的信号。如果不对具有重要价值的信息加以保护，那么可能面临巨大的损失。

信息的巨大价值和密码的重要性，在军事领域尤为突出。信息的加密与解密具有重要的价值。恺撒密码、戚继光反切码都是著名的信息密码。

1）恺撒密码

恺撒密码或称恺撒加密、恺撒变换、变换加密，是一种十分简单且广为人知的加密技术。它是一种替换加密的技术，明文中的所有字母都在字母表上向后（或向前）按照一个固定数目进行偏移后被替换成密文。例如，当偏移量是“后移 3”的时候，所有的字母 A 将被替换成 D、B 变成 E，以此类推。罗马共和国时期恺撒用此方法与其将军们进行联系。

2）戚继光反切码

我国最开始的情报主要由人传递（语言），后来发明了记载文字的竹简、纸等之后，人们开始使用书写公文的方式进行情报传递，但这种明文方式的情报一旦落入敌手就有泄密的危险。所以，发明一种只有极少数人明白、安全的情报传递方式，将情报明文以加密的方式进行传递，是十分重要的军事手段。

3000 多年前，姜子牙发明了“阴符”。它是一种“准密码”，即非语言的保密符号，形式比较简单，使用时双方各执一半，以验真假。“阴符”无法传递复杂的情报，后来姜子牙又发明了一种全新的军事秘密通信方法——阴书，以弥补“阴符”的不足。我国历代军事家在其后的军事情报传递中，又陆续发明了代号、暗号、字验等军事秘密通信方式。其中的字验，已与现代密码的原理十分接近，不同的是，它以汉字代替阿拉伯数字。

到 16 世纪中叶，明朝著名抗倭将领戚继光发明了真正的密码——反切码。其加密原理与现代密码的设计原理相同，但比现代密码更难破译。戚继光在“反切注音方法”的基础上发明“反切码”，使用汉字注音方法中的“反切法”进行编码。反切注音方法是用两个字为另一个字注音，取上字的声母和下字的韵母，“切”出另一个字的读音。戚继光还专门编写了一本《八音字义便览》，将其作为训练情报人员、通信兵的专门教材。

戚继光的密码编写技术无疑在当时是很实用、很科学的，主要体现在：一是作为声母和韵母的诗词本身就是保密的，没有获知其内容根本无法破译；二是反切方法也是保密的，若敌方不懂得反切法的技术则无法获知所传输的内容。

3. 现代密码学

现代密码学起源于 1949 年香农发表的论文《保密系统的通信理论》。现代密码学的技术主要包括以下几个方面。

（1）对称加密：以 DES、AES、RC4 等为代表。

（2）非对称加密：以 RSA、ElGamal、椭圆曲线加密等为代表。

（3）哈希加密：以 MD5、SHA-1、SHA-512 等为代表。

（4）数字签名：以 RSA 签名、DSA 签名等为代表。

对称加密的加密和解密使用的是同一串密钥，即只有一个私钥，具有简便、操作效率高、速度快的特点，但对密钥的保密性要求较高，即密钥的分发需要严格管理，否则将面临密钥丢失的巨大风险，也比较容易被破解。

非对称加密解决了密钥的分发问题。加密和解密使用的是相互对应的公钥与私钥，公钥用于公开给其他人进行信息加密，私钥用于解密其他人使用公钥加密后的信息。任意用户可以通过对方的公钥和公开的加密算法将明文加密后发送给接收者。接收者收到密文后，使用自己的私钥和公开的解密算法进行解密得到明文。和对称加密一样，非对称加密的安全性仍然依赖于私钥的保密性。相比对称加密，非对称加密的优点是对于密钥的管理更为便利，安全性相对更高，缺点是加解密的效率和速度会低一些。

哈希加密和数字签名的目的是保证加密信息不被破解，所以至少需要做到两点：唯一性和篡改易知。唯一性可实现信息的追溯，必须确保不同的信息生成的加密信息也不一样。而篡改易知则保证了一旦存在其他人篡改或伪造的情形，即使是很小的更改，生成的加密信息也会发生很大的改变，从而很容易地知道信息已经被篡改或被伪造。

密码学的功能是加密、传输、解密，从而实现信息（消息）的安全传输。信息传输是否达到安全传输的目的，其影响因素如下。

（1）机密性（Confidentiality）：要求保护的数据内容不被泄露。

（2）完整性（Integrity）：要求保护的数据内容是完整的，不被篡改。

（3）可用性（Availability）：要求保护的数据内容是随时可以得到的。

（4）认证性（Authentication）：要求保护的数据内容是可追溯的，不会被第三方伪造。

（5）不可否认性（Non-repudiation）：要求保护的数据内容的传输流程是可以追溯和审计的。

前面三项是信息安全的 CIA 三要素。

2.1.2　哈希算法——如何验证消息是可信的

1．消息传输的验证

问题：在网络传输中，如何确认节点收到的消息没有被篡改，或者与发送者的原件是完全相同的？

消息（如文件）从起始节点发出后，传送的网络多为不安全信道，有可能被不明节点或黑客拦截、篡改后再发送给接收节点。

如果接收节点不能验证消息是否与原始消息完全相同，则此消息为不可信消息；如果能准确验证消息与原始消息完全相同，则此消息为可信消息，即数据是完整的。

消息传输的验证模式示意图如图 2-1 所示。

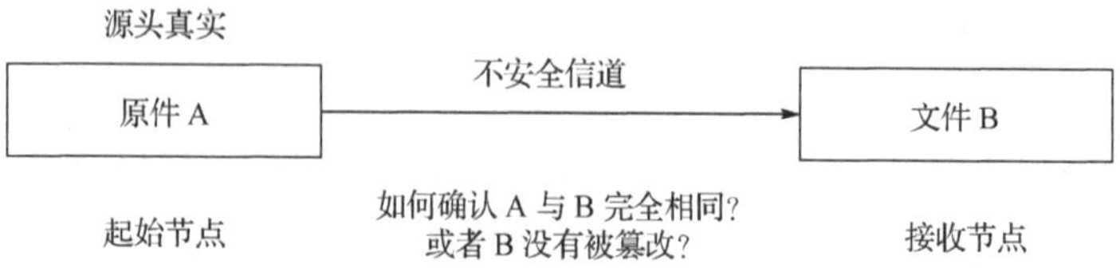

图 2-1　消息传输的验证模式示意图

消息传输的验证是网络通信中的一个关键命题，因为只有得到验证的消息才是可信消息、才是有价值的，不可信消息则是不安全的、无价值的。

2. 哈希算法的定义

哈希算法（Hash Algorithm）是一种解决消息验证问题的加密算法与消息认证技术，用于对数据的完整性进行判断，帮助通信的当事人验证所接收的消息是否为可信消息。常见的哈希算法有 MD5、SHA、Snefru 等。

哈希（Hash）函数是一个公开函数，通过对消息或与消息有关的信息进行加密或签名变换进行认证，也称散列函数、杂凑函数。哈希函数可将任意长度的消息 M 映射成一个长度较短且长度固定的值 $H(M)$，$H(M)$被称为哈希值、散列值、杂凑值、消息摘要、数字指纹。哈希函数是一种单向密码体制，即一个从明文到密文的不可逆映射，只有加密过程，没有解密过程。

哈希函数是密码学中的高级手段，具有三个特性：其输入可为任意大小的字符串，能产生固定大小的输出，能够进行有效的计算。

哈希函数能够满足密码安全需要的以下三个标准。

（1）碰撞阻力：如果无法找到两个值 x 和 y，且 $x \neq y$，而 $H(x)=H(y)$，此时就称哈希函数 H 具有碰撞阻力。

（2）隐秘性：哈希函数 H 具有隐秘性，当其输入 r 选自一个高阶最小熵的概率分布时，在给定 $H(r/x)$的条件下，得出 x 的值是不可行的。

（3）谜题友好：k 是一个随机数，且 k 无穷接近于随机。若输出的哈希值 y 是已知的，那么找出一个 x 值，使 $H(k \| x)=y$ 成立是不可行的，或者说是不可能的，

此时就称哈希函数 H 为谜题友好。

单向哈希函数是在一个方向上工作的哈希函数，根据预映射的值很容易计算其哈希值，但要使其哈希值等于一个特殊值则很难。好的哈希函数是无冲突的，难以产生两个预映射的值且使它们的哈希值相同。

3．哈希函数的特点

（1）压缩性：任意长度的数据，算出的哈希值长度都固定。

（2）容易计算：根据原数据容易算出哈希值。

（3）抗修改性：对原数据进行任何改动，哪怕只修改一个字节，所得到的哈希值都有很大区别。

（4）弱抗碰撞：已知原数据及其哈希值，想找到一个具有相同哈希值的数据（伪造数据），在计算上是困难的。

（5）强抗碰撞：想找到两个不同的数据，使它们具有相同的哈希值，在计算上是困难的。

即便知道哈希值也无法计算出原始消息。哈希函数是公开的，但其产生的结果不会受此影响，因为虽然函数的处理过程并不保密，但函数的单向性决定了其安全性：其输出不依赖于输入。

一般来说，消息中单个位的改变，将引起哈希值中一半位的改变。例如，一个百万字节的文件，即使改变一个字节，即百万分之一的改变，反映在哈希值中也至少有 50%的不同。从这个角度看，哈希值是将微小改变高度放大的过程。已知一个哈希值，要找到预映射的值，使其等于已知的哈希值在计算上是不可行的，因此可把单向哈希函数看作构成指纹文件的一种方法。

4．哈希函数的应用原理

例如，你想验证某节点持有的一份特定的文件 B（你同时持有该文件 A，且有一个该文件的哈希值 $h1$），但你不想让这个节点将文件 B 传送给你（不安全），只要将 $h1$ 传送给该节点，如果文件 B 的哈希值 $h2$ 与你的哈希值 $h1$ 相同，就可以确认该节点持有的那份文件 B 与你持有的文件 A 完全相同（见图 2-2）。

以上原理可用于数字签名、消息的完整性检测、消息起源的认证检测等。

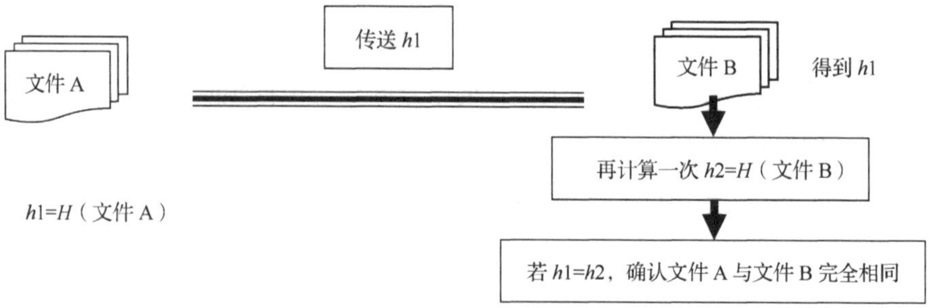

图 2-2　文件传输的验证示意图

5. 哈希函数的安全性

哈希函数的重要之处就是赋予 M 唯一的“指纹”。

作用于一个任意长度的消息 M，返回一个固定长度的哈希值 h，$h=H(M)$。通过 h 反向计算 M 行吗？

（1）给定 h，根据 $H(M)=h$ 计算 M，是不可行的。

（2）给定 M，要找到另一个消息 M'，并满足 $H(M)=H(M')$，是不可行的。

2.1.3　拜占庭将军问题——点对点通信问题

在缺少可信任的中央节点和缺少可信任的通道的情况下，分布在网络中的各个节点应如何达成共识？这一问题就是网络通信中的点对点通信问题。

1. 拜占庭将军问题

拜占庭将军问题是由莱斯利•兰伯特提出的点对点通信中的基本问题。其含义是在存在消息丢失的不安全信道上，试图通过消息传输的方式达到消息的一致性是不可能的。拜占庭将军问题本质上就是网络点对点通信的安全性问题。拜占庭假设是对现实世界的模型化，即由于硬件错误、网络拥塞或断开，以及遭到恶意攻击，计算机和网络可能出现不可预料的行为。

当时拜占庭帝国国土辽阔，由多支军队镇守边疆，但每支军队之间的距离较远，统率每支军队的将军之间只能靠信差传送消息。在这些将军之中，有些是忠诚的，有些是不忠诚的，但无法判断谁是谋反的将军。这时候，在已知有成员（叛徒）谋反的情况下，其余忠诚的将军在不受叛徒的影响下如何达成一致的协议，以决定是否攻击某一支敌军，至关重要。

叛徒可以任意行动以达到以下目的：欺骗某些将军采取进攻行动；促成一个不是所有将军都同意的决定，如当将军们不希望进攻时促成进攻行动；迷惑某些将军，使他们无法做出决定。如果叛徒达到了上述这些目的之一，则任何攻击行动的结果都注定失败，也就是说，将军们只有完全达成一致的协议才能获得胜利。

可惜的是，在数学上不存在一种完美的方法来解决拜占庭将军问题。

2．互联网中的去信任中介问题

在互联网中，同样存在类似"拜占庭将军问题"的问题。当节点与节点之间为完全的陌生关系时（互不信任），且在这些节点之中有一部分是具有恶意的节点（恶意节点），这些恶意节点会做出破坏交易的行为，而其他节点（无恶意节点）之间又需要进行价值转移，这时如何才能防止被恶意节点所欺骗、迷惑，从而做出正确的决策呢？

为了防止恶意节点的破坏，通常的做法是在互联网上进行数据交易的时候，交易双方必须借助信用较高的第三方进行信用担保。如果没有这个可以信任的第三方，则可能有黑客或不法分子在交易中行骗，充当交易者角色进行交易。

比特币的交易轻而易举地解决了此类问题，关键在于它解决了互联网交易中的四个问题。

（1）信息发送的身份追溯（现实中的身份信息难以追溯）。

（2）信息的私密性（现实中的明文信息不具有私密性）。

（3）不可伪造的签名（现实中的签名容易被伪造）。

（4）发送信息的规则（现实中的发送信息规则性不强）。

个人用户在比特币系统中发起一笔交易的时候，会使用私钥和公钥为这笔交易签名，而内嵌在比特币系统中的标准公钥则承担了加密工具的角色，对应在"拜占庭将军问题"中，加密工具就是用于签名和验证信息的印章。

发送信息的规则以成本来决定，即基于哈希算法的工作量证明机制，降低了信息传递的速率；且加入一个随机元素，保证在一定时间内只有一个将军可以广播信息。哈希算法所做的事情就是计算获得的输入，得到一串 64 位的包含随机数字和字母的字符串。

哈希算法对信息传递速率的限制加上加密工具的设置，使区块链构成了一个无须信任中介的数据交互系统。在区块链上，一系列的交易、时间约定、域名记录、政治投票行为，或者在其他任何需要建立分布式协议的地方，参与者都可以达成一致意见。

2.1.4 双重支付——价值转移的防伪

双重支付问题又称双花问题，即利用货币的数字特性两次或多次使用同一笔钱来完成支付。这个问题的解决方案是利用价值转移的防伪技术。一笔钱使用两次或多次，其中只有一次支付是有效的，其他支付是无效的；同理，一项价值通过网络从一个节点转移到其他节点，不能同时转移到两个或两个以上的节点，只能转移一次。

在现实世界中，一个足球不能同时传给两个球员，因为足球是不可拆分、不能复制的实体；黄金作为硬通货，在技术上是无法复制的，所以也不存在双花问题。对于作为法定货币的纸质货币，为防止假钞的出现而采用复杂的防伪技术（如冠字号的使用），使纸质货币具有物理上的唯一性。防止假钞的出现，是为了避免双重支付问题；当采用其他数字形式的货币支付时，则需要可信的第三方信用机构（如银行）来保证不重复支付。

在网络中，在不存在第三方信用机构的情况下，如何避免双重支付问题？区块链技术通过分布式节点的验证和共识机制解决了去中心化系统的双重支付问题，在信息传递的过程中完成了价值转移。

比特币系统对上一笔交易和下一位拥有者的公钥签署一个数字签名，并将这个签名附加在比特币的末尾发送给下一位拥有者。而由于没有第三方信用机构来监控，所以需要有一个机制来确保之前的比特币拥有者没有对更早发生的交易实施签名。这一机制的解释如下。

1）所有的交易全网公开

历史交易，即全部记账页全网公开，那么每个账号里有多少比特币，并不是由一个数据来表示的，而是根据历史交易计算出来的。而这个历史交易链是经过全网公认、记账的，不能篡改、无法造假。

2）时间戳

所有交易都有先后顺序。创世区块有最早的时间戳，其后的交易在记账时也会加上时间戳。前面一笔交易成功且公认后进行记账，下一笔交易是基于上一笔交易而生成的，整个交易链具有严格的时序（时间戳），只有这样才能保证不出现双重支付问题。

3）需要投入计算资源对交易进行确认

交易的确认需要投入计算资源。比特币采用工作量证明机制，矿工通过投入算力争取区块的记账权。如果需要修改某个区块上的交易记录，则要从这个区块开始重新计算之后的所有区块。以目前比特币网络的算力来看，这在数学上几乎是不可能的：如果有一个节点拥有超过整个系统 51%的算力，那么这个节点就有可能修改每笔交易记录，即所谓的“51%攻击”问题，但这在技术上是无法实现的。

2.1.5　数字签名——内容的完整性

数字签名用于证实某数字内容的完整性和来源，类似在纸质合同上签名确认合同内容，可通俗理解为加盖在电子文件上的“数字指纹”。

数字签名的实现原理如下。A 要发给 B 一份文件。A 先对文件进行摘要（如哈希函数），然后用自己的私钥进行加密，将文件和加密串都发给 B。B 收到文件和加密串后，用 A 的公钥来解加密串，得到原始的数字摘要，再同收到的文件进行摘要后的结果比对。如果一致，则说明该文件确实是 A 发过来的，并且文件内容没有被篡改。

数字签名是一种加密认证技术，表示某人认可某份文件，它将纸上的手写签名电子化，其目的也是签名。手写签名具有难以模仿性，进而形成唯一性，从而保证被签名的文件不被非法篡改。但数字签名与手写签名不同，数字签名只是一个字符串，没有笔迹的独特性。数字签名采用公钥和私钥成对的密钥对，只不过与非对称加密技术相反，数字签名中的私钥用来生成签名，公钥用来验证签名。

2.1.6　数字证书——身份的合法性

数字证书用来证明某个公钥是谁的。数字签名的安全性在于公钥的分发。一旦公钥被人替换，则整个安全体系将被破坏掉。数字证书机制用于确保公钥信息的合法性，数字证书就像普通证书一样，由证书颁发机构（CA）来签发。

数字证书包括版本、序列号、签名算法类型、签发者信息、有效期、被签发者信息、签发的公钥、CA 数字签名、其他信息等。其中，最重要的是签发的公钥、

CA 数字签名。因此，只要通过这个证书就能证明某个公钥是合法的，因为它带有 CA 的数字签名。

怎么证明 CA 的数字签名合不合法呢？这也需要通过 CA 的证书来证明。主流操作系统和浏览器里会预置一些 CA 的证书（承认这些是合法的证书），所有基于它们认证的签名都会自然地被认为合法。

2.1.7 默克尔树——支付验证

往往只有在满足所有的交易条件并且完成支付后，一笔交易才算完成。交易条件包括检查支付人的付款能力（验资）、最迟支付期限、支付比例、如何交付标的、是否存在一物多卖（双花）问题、支付是否完成等，但交易的最终结果只有两个：交易确认或不确认。

所以，支付是交易的最后一个环节，只有交易确认才能支付。支付的最终结果也只有两个：支付或不支付。

支付验证只需验证该笔交易是否被确认过了，交易验证则需验证该笔交易是否满足一些条件，如“余额”是否足够、是否存在“双花”等问题，只有一切都没什么问题后该笔交易才算验证通过。由此可以看出，交易验证要比支付验证更加复杂，所以它一般由挖矿节点来完成，而支付验证由默克尔树来实现。

默克尔树（又叫哈希树）是一种二叉树，由一个根节点、一组中间节点和一组叶节点组成。最下面的叶节点包含存储数据或其哈希值，中间节点是它的两个子节点内容的哈希值，根节点也是由它的两个子节点内容的哈希值组成的。默克尔树可以推广到多叉树的情形。默克尔树的特点是，底层数据的任何变动都会传递到其父节点，一直到树根。

默克尔树示意图如图 2-3 所示。

默克尔树的作用如下所述。

（1）快速比较大量数据。当两个默克尔树根相同时，则意味着它们所代表的数据必然相同。

（2）快速定位修改。D1 数据被修改，会影响到 N1、N4 和 Root。因此，沿着 Root>N4>N1，可以快速定位到发生改变的 D1。

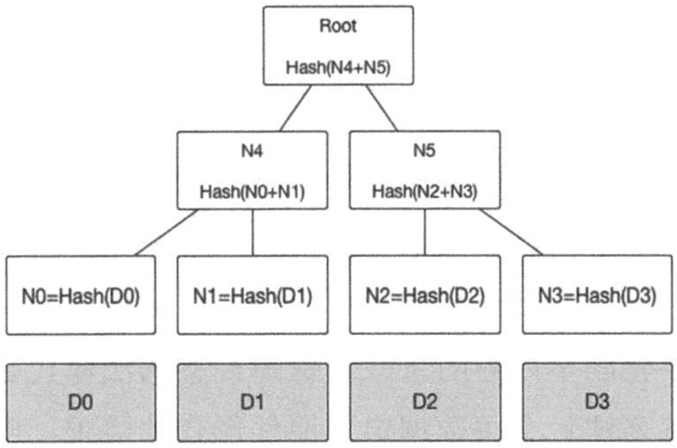

图 2-3　默克尔树示意图

（3）零知识证明：能够证明某个数据（D0，…，D3）中包括给定内容 D0。构造默克尔树，公布 N0、N1、N4、Root，则 D0 拥有者可以很容易地检测到 D0 的存在，但不知道其他内容。

默克尔树大大提高了区块链的运行效率和可扩展性。在区块头中，只需要包含默克尔树根，而不用将所有的交易数据都封装进区块头中，这样每个区块头数据的大小都是固定的，哈希计算可以高效地运行在智能终端上。

默克尔树支持“简单支付验证”协议。以比特币系统为例，2020 年 9 月区块链里所有的区块数据大小已经超过 300GB，且在不断增加中，而普通消费者只是为了支付消费，不必要下载完整的区块数据。“简单支付验证”协议在不保存区块里的全部交易数据，而仅保存区块头数据的情况下，也能对交易进行验证。即利用默克尔树的路径判断这笔交易存在于某个区块里，并得到后面区块的连续确认，则证明该交易已被验证通过。

2.1.8　时间戳

时间戳是指一个能表示一份数据在某个特定时间点之前已经存在、完整且可验证的数据，通常是一个字符序列，可标识某一刻的时间。形象地讲，就是在每个交易行为上加盖“刻有此刻时间的印章”，使区块链上的每笔交易都具有时间标记。这样，在区块链网络上的交易信息能够被完整地记载下来，不会出现前后错乱的情况。时间戳的功效类似于公证，它固定了交易信息，使其不被任何人篡改。

时间戳是使用数字签名技术产生的数据，签名的对象包括原件信息、签名参数、签名时间等。时间戳系统用来产生和管理时间戳，对签名对象进行数字签名并产生时间戳，以证明原件在签名时间之前已经存在。

可信时间戳是由联合信任时间戳服务中心签发的一个电子凭证，用于证明电子数据文件自申请可信时间戳后内容保持完整、未被更改。可信时间戳接入核准书的颁发，标志着可信时间戳在档案领域的规范化应用已经开始，并起到电子档案和纸质档案的数字化副本内容防篡改、保障档案的法律凭证的作用。根据《中华人民共和国电子签名法》有关数据电文原件形式的要求，申请了可信时间戳认证的电子文件、电子档案或纸质档案的数字化副本等可视为法规规定的原件形式。

2.1.9　P2P 网络

P2P 网络是区块链去中心化交易的技术基础。

1．中心化网络概述

网络通信模式有 Client/Server、Browser/Server 和 Slave/Master 等，这类模式属于中心化模式：节点以应用服务器为核心，节点的请求必须通过应用服务器这个中心来完成，且节点之间的通信必须经过应用服务器，受应用服务器的监督与检验。可见，节点应用必须依赖中心，离开了中心就无法进行通信。

而去中心化恰恰不需要这个中心节点或服务器，在一个分布着众多节点的系统中，每个节点都具有高度自治的特征，每个节点都是一个“小中心”。

中心化系统、弱中心化系统、去中心化系统示意图如图 2-4 所示。

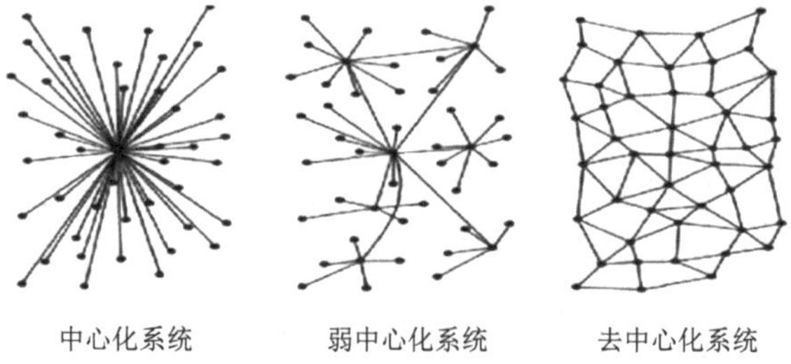

图 2-4　中心化系统、弱中心化系统、去中心化系统示意图

在中心化系统中，中心节点收集与掌握真实的交易信息、主体信息，且监管交易，节点之间的交易自由度取决于中心的监管力度。如果中心出现问题，则会

出现系统瘫痪的情形，即不能交易、不能通信。可见，中心化系统有诸多不足，包括监管本身不透明、中心的服务效率不高、成本高（服务收费），且可能导致系统复杂化。

2. P2P 网络概述

“Peer”在英语里有“对等者、伙伴、对端”的意思。P2P（Peer to Peer）网络也称对等网络、点对点网络、对等计算机网络，是没有中心服务器、依靠用户群交换信息的互联网体系。此网络中的参与者既是资源、服务和内容的提供者（Server，服务器），又是资源、服务和内容的获取者（Client，客户机）。彼此连接的多台计算机之间处于对等的地位，各个节点的功能相似，无主从之分，任意节点都可以作为服务器，设定共享资源供网络中的其他节点使用，所以网络中不依赖、不存在专门的中心服务器。每个节点既能充当网络服务的请求者，又能对其他节点的请求做出响应，提供资源、服务和内容，如信息共享、计算资源共享（如 CPU 计算能力共享）、存储共享（如缓存和磁盘空间的使用）、网络共享、打印机共享等。

由于 P2P 网络不需要中心服务器，所以具有去中心化与健壮性等特点，节点之间可以直接通信、共享资源、协同工作，不会因为中心服务器的问题而导致系统瘫痪。P2P 网络的特点包括以下几个方面。

1）去中心化

网络中的资源、服务和内容分散在所有节点上，信息传递和服务的实现都直接在节点之间进行，无须中间环节和中心服务器的介入，避免了可能遇到的瓶颈。P2P 网络去中心化的基本特点，带来了其在可扩展性、健壮性等方面的优势。

2）可扩展性

用户加入数量的增加，不仅带来服务需求的增加，也使系统资源和服务能力得到同步扩展，更能满足用户的资源需求。从理论上讲，节点数据的可扩展性几乎是无限的。

3）健壮性

P2P 网络多以自组织的方式建立，并允许节点自由地加入和离开。由于服务是分散在各个节点之间进行的，因此部分节点或网络遭到破坏对其他部分的影响很小，且部分节点失效时能够自动调整整体拓扑，保持其他节点的连通性。因此，这种架构具有耐攻击、高容错的优点。

4）性价比高

随着硬件技术的发展，个人计算机的计算能力、存储能力及网络带宽等性能依照摩尔定律高速增长。采用 P2P 架构可以有效地利用互联网中散布的大量普通节点，将计算任务或存储资料分布到所有节点上，利用其中闲置的计算能力或存储空间，达到高性能计算和海量存储的目的。

5）隐私保护

在 P2P 网络中，由于信息的传递分散在各个节点之间进行而无须经过某个特定的中心节点，因此隐私信息被窃听和泄露的可能性更小。在 P2P 网络中，所有参与者都可以提供中继转发功能，从而大幅提高匿名通信的灵活性和可靠性，为用户提供更好的隐私保护。

6）负载均衡

在 P2P 网络环境中，由于每个节点既是服务器又是客户机，因此减少了对传统 Client/Server 结构服务器计算能力、存储能力的要求，同时因为资源分布在多个节点上，所以可以更好地实现整个网络的负载均衡。

2.2 区块链技术系统——分布式账本

区块链技术的本质是通过密码学建立一个不依赖任何中心的、完全分布式的数据库，即分布式账本。账本由众多区块构成，采用链式的指针将不同的区块串联起来；而在账本的物理存储上，则采用所有节点都可以保存完全相同的账本（副本）的方式来形成所谓的分布式结构。

区块链技术系统在系统内部、在形式上，实现将特定的字符串从一个节点转移到另一个节点，不需要人为的、第三方信用机构的干预。这一功能的实现除依赖加密技术外，还依赖一系列独特的功能机制，包括分布式记账、分布式存储、共识机制、激励机制等。

2.2.1 记账的重要价值

将有意义的事件记录下来，是人类文明形成的重要基础之一。人类文明以文字的使用为基础，以文字符号表达与记录某一事实、利益关系。文字符号的记录形成账本，用来表述事实、表达价值。由于事实和价值具有客观唯一性，所以不能通过复制账本来形成多个事实和价值（如借条）。

记账可记录事实、确认利益关系、量化利益。事实是人类理性的基础，利益关系是人类关系中最重要的关系。记账是权益、债务清分的基础和证明。记账的重要价值如下所述。

1）记账可记录客观存在的事实、事物，包括劳动价值、权益、债务

在客观世界中，任一事实或具有价值的事物，都具有确定性、特定性，甚至具有唯一性。要对其进行描述、表达、指认或交易，多采用见证、人证、物证、记事、记账等方式。

人类最早的记事方式为石刻、结绳，其后为带有文字的羊皮、竹片、纸等形式，现代记事则通过计算机、云存储等方式实现。原始社会末期，社会生产力有了长足发展，生产工具不断改进，为合理地处理日益突出的分配等方面的矛盾，人们开始尝试以刻画、结绳、绘画等方式再现客观的经济活动及其数量关系，这是原始会计记账的萌芽（见图 2-5）。

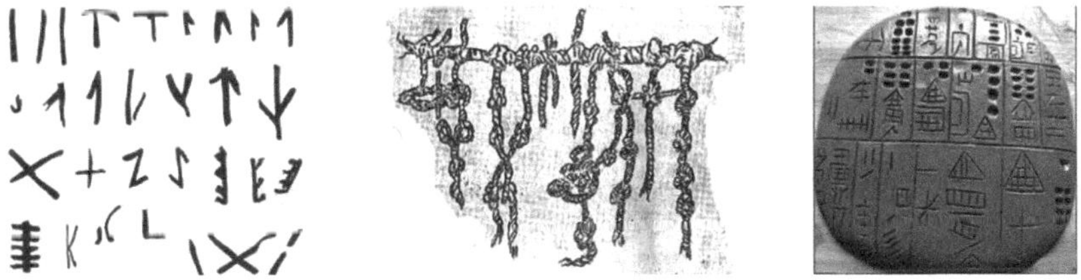

刻画　　结绳　　绘画

图 2-5　刻画、结绳、绘画记事

刻画记事是以刻画某种物体遗留痕迹的形式反映经济活动及其数量关系的一种记事方式，如刻画缺口于动物骨片以记事，还有刻木记事、刻竹记事、陶器刻符；结绳记事是以结绳的形式反映经济活动及其数量关系的一种记事方式，方法是“事大，大结其绳；事小，小结其绳”；绘画记事是以绘画的形式反映经济活动及其数量关系的一种记事方式，如利用矿石粉等在居住的山洞及岩壁等处，将重大活动以形象的图形描绘出来，从而达到记录客观活动（如狩猎、驯养、祭祀、文化娱乐）的目的。

2）账本是人们达成共识且遵守达成的约定的体现

账本记录事实，公开、共同确认、不可篡改是账本形成的过程，也体现了人

们通过沟通、协商达成一致意见的做法，是社会文明、商业文明的载体。账本体现了人们理性、美好的一面，即参与者达成共识且遵守达成的约定，公开的账本有效地克制了主体的违约冲动。

3）记账在财富的管理与分配中起到重要作用

从原始社会发展到今天，记账技术大致经历了符号记账法、单式记账法、复式记账法、会计电算法。今天的会计电算法，用计算机的强大计算能力和容量来逐步替代人工记账，以达到高效和精确的管理目的。

首先，财产及权益需要记录，包括记录财产的所有权；其次，账本可用于向社会提供证据，表明自己已履行了各种义务。记账对个体生存和社会经济安全发挥着至关重要的作用。例如，夏设“百官”，其中有监督奴隶耕作的官员“啬夫”，也许这就是最早的会计官职。又如，西周设“司会”一职对财务收支活动进行“月计岁会”，又设“司书”“职内”“职岁”“职币”四职分理会计业务。其中，司书掌管会计账簿，职内掌管财务收入，职岁掌管财务支出，职币掌管财务结余。从古至今，记账把人类各种活动的精髓（文明的原始状态）传承下来，承担独特的职责并发挥基础性作用。

记账对经济发展具有重要的基础性作用，账本可以精确反映劳动关系和劳动成本的分配规则，极大地促进人类文明进步。人的劳动积极性和基础经济关系是在分配中得以实现的。以记账为基础的会计是利益相关者的行为过程及结果的综合计量、核算与报告。通过预算、核算、分析、审计及定期公开报告，有限的经济资源得到了更为合理的配置和利用，进而协调各种利益关系。

4）记账是会计的基础

会计是人类文明的“启明灯”，是人类文明进步的前提保障，会计依赖的重要规则、工具正是“记账”。从人类社会的发展来看，财富的创造和分配是主线，其中社会分工、劳动关系、劳动成果分配等是构成社会关系与经济关系的重要内涵。而在劳动成果分配中，按劳分配是人们共同遵守的一般规则，这一规则的实现，依据是“记账”。记账作为会计的基础，可量化记录，将经济行为体现为记录账簿。另外，实物财产的管理一般按时间顺序、收付及进出变化等进行连续记录，再建立现金、物资分类账本等。账本要求安全、长期保存，且清晰、耐久，禁止涂改，以作为长期查考的劳动成果分配记录。

2.2.2　区块链记账

1. 记账原理

互联网是一个信息世界，其物理基础是二进制的数字环境，采用电子信息符号来记录信息、传递信息、表达事实。当以数字的方式来记录事实、表达价值时，与事实、价值相对应的数字，也必须是具有“唯一性”的数字符号。“唯一性”要求数字符号不能篡改、不能复制，所以这一数字符号不但是唯一的，而且要具有保密性，只有这样才能体现记账这一重要功能。

这一不能篡改、不能复制、具有保密性的功能，是由技术系统来实现的，而不是由人或特定的第三方信用机构来实现的，这是提出区块链技术的初衷。

区块链本质上也是一种记录事实的方式，是人类记录事实的新形态。区块链技术要在虚拟空间创造一种记录数据的方法，以实现此记录能被所有节点共享，同时不被任何节点控制，谁都不能随意删除和修改（但可以增加，且持续增加）数据，这就是所谓的“去中心化”，没有一个绝对的权力节点可以控制记账和账本。

而价值转移的逻辑就是基于上述区块链技术特殊的记账原理：在数字化环境中建立表达某一价值的数字符号，并表达所有节点在达成共识的基础上形成的这一价值，即节点的共识使数字符号与某一价值对应；而要转移这一价值，也是通过节点的共识和记账来实现的。例如，比特币是数字代币，表达数字代币的数字符号具有确定性、唯一性。

所以，区块链以区块为单位组织数据，区块是一种记录交易信息的数据库，它以加密的方式存储网络上所有的交易记录。每个区块由区块头和区块体组成。区块体只负责记录前一段时间内的所有交易信息。区块链的大部分功能都由区块头实现。区块头履行数据库的加密、序时存储及通信的义务，其内容包括以下几项。

（1）版本号：表示软件及协议的相关版本信息。

（2）父区块哈希值：运用哈希值使每个区块首尾相连形成区块链，并且哈希值对区块链的安全性起到了至关重要的作用。

（3）时间戳：记录该区块产生的时间，精确到秒。

（4）默尔克树根：由区块体中所有交易的哈希值逐级两两进行哈希计算得出，用于测试某笔交易在区块中的真实性。

用于测试某笔交易在区块中的真实性。

（5）难度值：该区块相关数学题的难度系数。

（6）随机数：记录解密该区块相关数学题的答案值。

（7）目标哈希：当前区块所存储信息的哈希值。

2. 账本结构

区块链记账的过程如下：将节点交易信息记录到区块体中，生成含区块中所有交易信息的默克尔树，将默克尔树根的值保存在区块头中；将上一个刚刚生成区块的区块头数据通过 SHA-256 算法计算出哈希值，记入父区块哈希值中；将当前时间保存在时间戳字段中；将当前区块加入区块链后，各个节点就会立即开始生成下一个区块。其中，难度值字段会根据之前一段时间区块的平均生成时间进行调整，以应对整个网络算力的变化。

区块链记账的形式类似于传统账本结构，即将连续区块页面联结成为账本。一个记账单元，即区块页面数据结构，如图 2-6 所示。

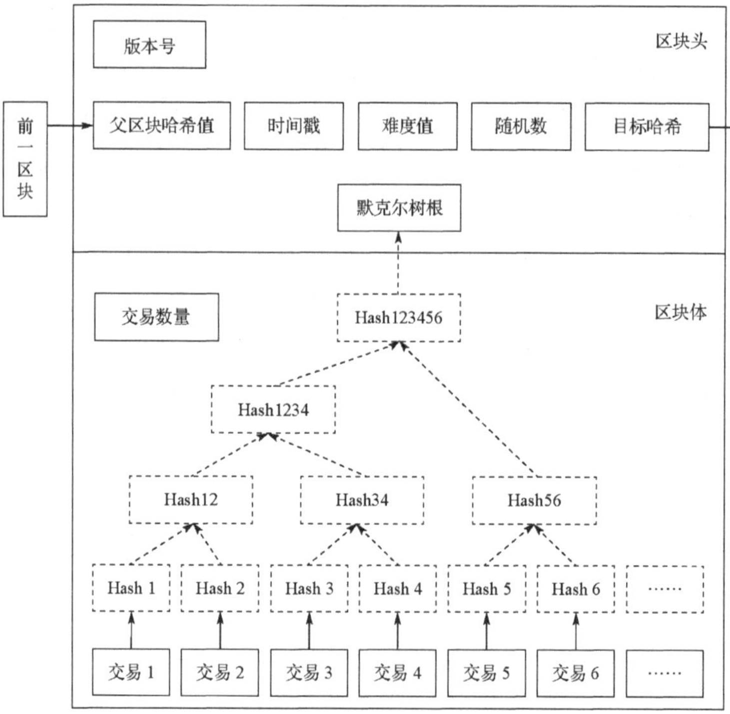

图 2-6　区块页面数据结构示意图

记账包含以下要点。

（1）块链结构：每一区块页面都有时间戳，使用前一区块的哈希加密信息对每次交易进行验证，区块页面之间的连续性保证了不能篡改任一区块的内容。

（2）所有节点都可获得独立的完整账本：每个节点平等地同步或获得完全相同的账本，以实现互相监督的机制，保证了账本不会丢失或毁坏。

（3）拜占庭容错：若少于三分之一的节点恶意作弊或被黑客攻击，则仍然能保证系统正常工作。

（4）机器执行：以“链上代码”或“智能合约”载入的合同或法律文件为可执行的程序，条件满足时自动执行，把合同执行转换为类似“if…then…”的代码，可以消除合同文本因文字而存在的“二义性”。

3．记账权

记账权，也就是比特币中的挖矿，即把从上次区块生成后到现在为止的所有交易打包，再打上时间戳，向全网公示，若 51%的节点确认区块有效则将该区块加入区块链的末端，成为账本的一部分。

由于不存在中心节点，所以记账权由全网争夺，所有参与节点都要计算一道密码学难题，谁先解出来并获得全网共识，谁就争夺到了记账权。争夺到记账权后会有报酬，就是若干比特币。

2.2.3　分布式账本

分布式账本（Distributed Ledger）是一种网络化的记账机制，即网络中所有节点都参与记账、保存账本。分布式账本是在一个网络中，由多个网络节点、多个物理地址或多个组织构成的，进行数据共享、同步和复制的去中心化存储系统。

1．分布式账本概述

相比传统的中心化存储系统，分布式账本不但在存储账本方面由多方参与，还在形成账本、维护账本等方面由多方参与。传统的中心化存储系统由某一中心节点或机构来控制数据的管理机制，而分布式账本往往基于共识规则，采用多方共同决策、共同维护的方式进行数据的存储与复制等操作。

可见，分布式账本是一种底层的、完全不同的业务逻辑规则，对传统的中心化记账与中心化存储来说是颠覆式的创新。

中心化记账与分布式记账示意图如图 2-7 所示。

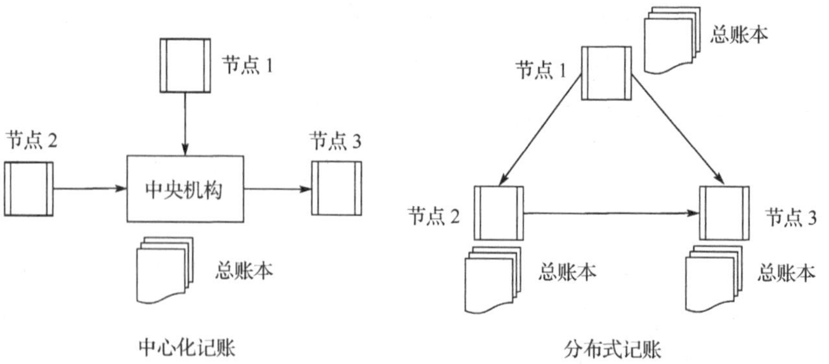

图 2-7　中心化记账与分布式记账示意图

分布式是区块链记账产生与保存的方式。分布式账本是利用区块链技术，通过区块和链式记账而形成的一种数字化账本，这种账本通过密码学建立不依赖任何中心的、分布式的数据库。分布式账本在网络成员之间共享、同步和复制数据库，记录网络参与者之间的交易，如资产或数据的交换。

分布式账本示意图如图 2-8 所示。

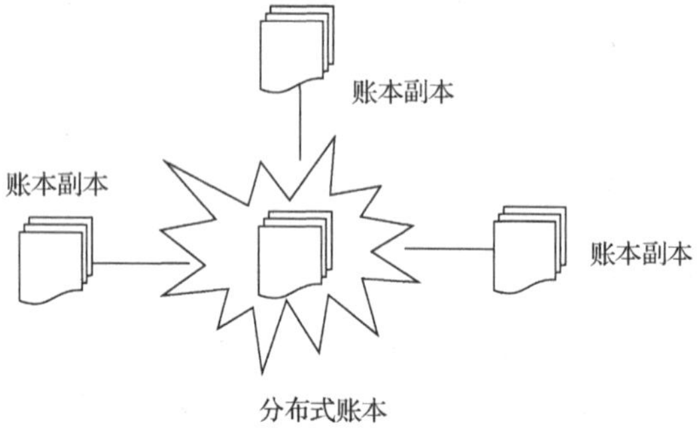

图 2-8　分布式账本示意图

去中心化是分布式系统的核心价值。分布式的意义不在于分布式的数字化形式，而在于通过分布式账本实现了记账记录在能被所有节点共享的同时不被任何节点所控制，谁都不能随意删除和修改它。但总账本可以增加，且可以持续增加，而不能删减。这一特性在传统的中心化记账模式下几乎不可能实现，因为在物理上以实物形式存在的账本都是可以人为更改的，无论是非法的还是合法的形式。

分布式账本适合互联网环境下的价值转移，强调对规则的共同遵守，而弱化第三方采用强制措施制约参与者自觉遵守的方式，这对互联网中陌生交易者之间的不见面交易、互不信任者之间的交易来说是颠覆式的创新交易模式。今天，大量的商业模式切换为线上化形式，发展数字经济、数字化转型成为国家战略，分布式账本对于实现低成本的在线交易具有广泛的应用场景。

分布式记账是对传统的中心化记账的颠覆。分布式账本是由多个独立节点参与的分布式数据库系统，具体内容包括以下几个方面。

（1）分布式记账——会计责任的分散化，每个参与者都有权监督。

（2）分布式传播——每次交换都传播到网络中的所有节点处。

（3）分布式存储——数据信息的可容错性极高。

（4）分布式运作——任意节点宕机不会导致系统崩溃，也不会导致记录丢失。

但分布式是有代价的，即以牺牲系统的效率为代价。分布式也意味着重复、冗余，分布式账本是一种比较笨拙的方法，以重复的账本备份、存储，把传统的中心式（一个中心、多个客户）架构变成交互式（多个平等节点）架构。分布式账本在存储空间上属于冗余，甚至是浪费，但它以一定的存储成本（目前已经非常低廉）、可忍受的低通信速度，实现了对安全性和防篡改的交易要求，也算是“化腐朽为神奇”。

2. 分布式账本的特点

分布式账本是一种公开、共同确认、不可篡改的记录，形成对某一事实或价值的确认，进而可以约束参与者的行为以形成可以信赖的预期，即信用。例如，完整的交易历史使各个参与者在全体参与者的见证下，以理性克制主体的违约冲动。这种弱化第三方强制力、实现成员自觉守信的模式，对陌生交易者之间的不见面交易、互不信任者之间的交易来说，具有简便易行、大幅降低交易成本的优势。现实世界中大量的场景都有这一模式的发挥空间，这是区块链目前被人们寄予厚望的动机所在。

作为一种数字化的记账技术，分布式账本在网络中实现对参与者交易活动的同步记录，其数据记录需要满足以下几个条件。

（1）唯一性，交易与记录一一对应。

（2）记录连续不间断。

（3）记录格式标准统一。

（4）不可篡改。

分布式账本的实际应用主要体现为记录参与者之间的交易（如资产或数据的交换），具有以下显著的特点。

（1）顺序化记录网络中的多笔交易，可追溯、可溯源。

（2）记录公开、共同确认、不可篡改，账本只可增加，不可删除、不可毁灭。

（3）参与者通过同步获取自己的备份，不存在主账本、次账本之分。

（4）授权许可，参与者只能看到相关的交易记录。

分布式账本所实现的交易记账具有重要的价值，具体体现在以下几个方面。

（1）所有参与者见证交易（签署），且这种交易已成为事实。

（2）交易事实由无争议的交易记录来证明。

（3）不可抵赖事实，使利益相关者构成新型交易关系。

（4）降低搜寻成本，前手交易或多手交易的可追溯、可信性，使交易成本和摩擦度降低。

（5）多人见证，约束参与者的行为以形成可以信赖的预期，即信用。

（6）不需要单一的中央机构或中心化系统（如央行支付系统、交易所等）来完成相关交易及记录工作。

（7）参与主体的权利平等，通过记账的权利平等、持有账本的权利平等机制来实现，数字化的账本同步分发给网络中所有参与者进行存储、调取和查阅，且分发的账本是完全相同的。

3. 分布式账本的社会经济价值

账本的真实性是社会经济运作的基石，商业机构的行为依据账本的真实性而展开，它是契约行为的前提之一。只有真实的信息才会促进价值转移，反过来，不真实的信息将给交易带来极大的风险。

从事实出发是人类理性行为的逻辑，包括资产交易、权益分配等，也是社会经济运作的基本原理。记录在账本中的信息（数据），是证明交易事实的关键证据，是代表权益与债务的事实依据，本质上是法律意义上的权益证明。

中心化记账与分布式记账都属于记账方法，二者的目的是相同的。但从属性上比较，二者具有本质上的区别，如表 2-1 所示。

表 2-1　中心化记账与分布式记账比较一览表

属　　性	记 账 方 法	
	中心化记账	分布式记账
记账符号	图文符号	数字化
可篡改	可以篡改	难以篡改
记账主体	中心化机构	全体
保存形式	中心化	分布式
安全性	可以毁灭	难以毁灭
效率	高	低

分布式账本广泛应用于社会经济系统中，具有丰富的内涵及广泛的影响。

1）对于交易成本的影响

分布式账本的信息保真功能是基础功能，也是核心功能之一，其上信息不易被伪造、难以被篡改，因此设置这种功能是提升效率、实现可追溯、简化审计的技术。在技术上，通过哈希函数、时间戳、默克尔树等巧妙的技术组合、数据结构设计，并结合密码学和共识机制，实现区块记录的难以被篡改和不易被伪造；通过交易签名、共识机制和跨链技术保障分布式账本的一致性，自动完成账证相符、账账相符、账实相符。

在传统的中心化交易模式下，交易中心（如交易所）以专业化的中介功能来审查信息的真实性、有效性，从而判断交易的价值，这种模式的交易成本高、审查时间长。而去中心化（或“弱中心化”）交易模式，则完全依赖了交易对手的信息，交易者承诺信息的准确与真实是交易的前提，所以对信息的真实性提出更高的要求。分布式账本一次确认后，可使信息在存储、传递过程中实现保真，其后无须再次确认信息的真实性，节省了大量的信息审查成本，代替了中心化机构的审查功能。分布式记账模式通过加密算法、共识机制、时间戳等技术，实现不依赖于某个信用中心的点对点交易，规避中心化记账模式普遍存在的数据安全、协同效率和风险控制等问题。

2）对于信用的影响

信用是交易的保证。相比中心化记账，分布式记账必须保证信息的真实性，只有这样才能彻底改变参与者之间的交易关系，即真实性使互不信任的双方更容易达成交易，极大地抑制参与者作假的冲动，尽量保证记账信息的高质量，进而促进交易成本的下降和协作效率的提高。

在分布式账本中，参与者不需要了解其他参与者的信息，也不需要中心化机构提供信用担保，是一种“无须信任的信任”，建立信任关系的成本趋近于零。分布式账本下的商业模式创新，本质是建立在参与者之间的信任机制上，让参与者既能享受到互联网模式的高效和快捷，又能将人和人之间的信任关系建立在信息的真实性基础上，这种信任关系的改变将极大地促进交易效率的提高。

3）对于协作的影响

分布式账本改变了基于信息不对称的博弈规则，交易者从完全竞争关系、零和博弈机制，转换为有限竞争和适度合作关系。信息对称是对中心化交易模式的改进，使合作、协作成为去中心化交易的最优选择。分布式账本成为线上化交易、虚拟经济发展的重要协作工具，原因在于协作机制的透明，从交易的不对等关系转换为以对等的方式把参与者连接起来，共同维护交易系统，责权明确，无须向第三方信用机构让渡权利，有利于提高协作效率。

4）对于治理的影响

传统的治理是依赖人、以权力为中心的思路。从治理的角度看，应弱化中心的功能，给参与者一个更自由、更透明、更公平的交易环境。而维护交易秩序则主要依靠共识机制：记账需要在整个网络中达成共识，每个节点基于契约精神、结合自身利益最大化，自发、诚实地遵守预先设定的交易规则，对每笔交易的真实性做出正确的判断，并把真实的交易信息记录在区块链中。目前，区块链的共识机制有工作量证明、委托权益证明等。

互联网较好地解决了信息传递的问题，但不能确保传递过程中的信息保真，大大制约了人们基于互联网的交易和协作。分布式账本解决了传递可信信息的问题，基于分布式账本建立交易网络，是对现有互联网结构的颠覆式创新。世界经济论坛执行主席克劳斯·施瓦布甚至认为，区块链是继蒸汽机、电气化、计算机之后第四次工业革命的核心，必将在全球范围内产生深远的影响。

2.2.4 共识机制

人类的社会性就是群体性，即就某种共同的利益达成一致意见，从而形成共同体，这也是“物以类聚，人以群分”的内在原因。之所以群分，是因为某种利益的一致性，而达成一致意见则基于某些共同遵守的规则，这类规则就是共识，这一机制就是共识机制。

群体的力量往往大于个体的力量，但并非所有的个体凑合在一起就能够形成群体。在实践中，常常存在“三个臭皮匠大于诸葛亮”的情况，也存在“三个和尚无水喝”这种不合作的情况。如何促使部分总和超过整体，关键在于部分之间能否达成共识、形成一致意见：个体之间达成协议，使个体都遵循某些规则，通过“共信力”（成员共同自觉遵守规则）来解决“公信力”（依赖权威使成员遵守规则）的问题，实现网络管理激励机制。

网络节点参与整体合作的基本原则是平等与民主，所以对整体行为的管理激励，只能依靠利益驱动而不能用强制约束。合作要形成稳定的均衡需要一定的条件，这就要求设计“挖矿”算法，这种算法不仅能够激励各个节点积极参与价值转移的记账活动，还应防止任一节点操控共识形成的过程。当前，比较流行的是权益证明机制和工作量证明机制。

如何在分布式系统中高效地达成共识是网络协作的重要问题。与社会系统中民主和集中的对立关系相似：决策权越分散的系统达成共识的效率越低，但系统稳定性和满意度越高；而决策权越集中的系统越容易达成共识，但同时更易出现专制和独裁。区块链技术的核心优势之一就是能够在决策权高度分散的去中心化系统中，使各个节点高效地针对区块链记账的有效性达成共识。

网络的共识不是人的直接共识，而是计算机节点需要达成的共识，即保证数据的一致性。在传统的中心化交易模式下，为防止交易者违约或作弊，都依靠一个中心化机构来保证数据的一致性。共识机制可保证所有节点保存内容一致的区块链账本，但同时会产生一个新的问题：谁来记账？由于没有唯一的中心节点来独占记账权，因此共识机制采用算法来维护记账权的获取机会。比特币里采用节点算力比拼来公平地竞争记账权，如工作量证明（Proof of Work，PoW）机制，节点进行持续的哈希计算，谁能算出符合比特币系统预期的值，谁就能获得记账权。哈希函数的特性保证了哈希计算无捷径可走、不能作弊，公平的计算规则实现了完全的去中心化，但缺点是造成了大量的计算资源浪费。

2011 年，一位名叫 Quantum Mechanic 的数字货币爱好者在比特币论坛上提出了权益证明（Proof of Stake，PoS）机制。该共识机制依据谁手上的代币多，谁就更有可能获得记账权，以缓解能源消耗和算力集中的问题，但是也衍生出记账权中心化的问题。

2013 年 8 月，BM 的比特股（BTS）项目带来了一种全新的共识机制——委托权益证明（Delegated Proof of Stake，DPoS）机制，类似西方国家的代议制。

从 PoW 到 PoS 再到 DPoS，三个共识机制各有利弊。到目前为止，区块链的共识机制已经衍生出很多不同种类，如：

Leased Proof of Stake——租用权益证明；

Proof of Elapsed Time——过去时间证明；

Practical Byzantine Fault Tolerance——实用拜占庭容错；

Simplified Byzantine Fault Tolerance——简单拜占庭容错；

Delegated Byzantine Fault Tolerance——委托拜占庭容错；

Directed Acyclic Graphs——有向无环图；

Proof of Activity——活动量证明；

Proof of Importance——重要性证明；

Proof of Capacity——容量证明；

Proof of Burn——燃烧证明；

Proof of Weight——重量证明。

如果说区块链系统是人类协作的工具，那么共识机制就是区块链的“灵魂”，体现了人类的协作精神。共识机制一直是人们研究的重点之一，目前主流的区块链共识机制仍是 PoW、PoS 和 DPoS 这三种，主要用于完全去中心化的场景，其他的共识机制多用于半中心化或中心化场景。

2.2.5 激励机制

在一个参与节点数量众多的系统中，如何让成员有效率地达成共识？关键在于设计利益导向的激励机制。

例如，比特币系统为实现去中心化的“点对点电子现金系统”，除采用区块链的技术机制外，为激励参与者不断加入和维持系统的运行，需要给予参与者经济利益的激励，通过设置激励机制，使互不相识的参与者也能协同作业，从而使这一系统稳定、有效地运行。比特币的挖矿机制就是激励机制，参与者以获得比特币为报酬，矿工维护网络并按照共识机制对链上交易记账。

比特币之所以能实现去中心化的共识，原因在于创新性地引入了激励的理念。每 10 分钟左右产生一个新的有效区块，即每 10 分钟左右就有一个矿工挖矿成功并获得有效的区块。新区块是由哪个矿工节点产生的，系统就给予这个节点比特币奖励。当所有参与者都认为比特币具有经济价值时，他们参与挖矿和交易的积极性就更高，从而维持系统的运行。

人们认为比特币具有稀缺性、持久性、可携带性、可互换性、可分割性和易识别性的特点。基于人们对比特币不断升值的期望，这一激励机制可持续有效。随着关注比特币的人数不断增长，必然引发投资需求，出现“囤币”现象。由囤币产生的升值现象激励更多的人投资比特币，从而使比特币的价格不断上升，进而又激励更多的人参与挖矿。

总之，比特币的发行机制和合理的收益机制保证了比特币激励机制的持续有效。

2.2.6　应用部署

按照参与方式、参与范围的不同，区块链应用部署大致分为三类：公有链、联盟链和私有链。其中，联盟链和私有链又称许可链，而公有链又称非许可链。

1. 公有链

公有链是一种对全网公开、完全去中心化的区块链，其区块链数据完全公开，全网所有节点都能访问，所有节点共同参与共识的达成过程。公有链系统的正常运行依赖于激励机制，且容易受到恶意攻击。此外，交易确认效率较低，交易时间较长。

2. 联盟链

联盟链是指由若干利益相关的组织或机构组成联盟，共同参与管理的区块链。联盟链中的每个组织或机构都可以管理一个或多个节点。联盟链的参与范围介于公有链和私有链之间，只允许认证以后的组织或机构参与网络共识，具有身份认证和权限设置功能。相比公有链，联盟链要求单位时间内所能确认的交易数量更多，其在安全和性能上的要求较高。每个区块的生成由联盟里预先选好的节点共同决定，其他节点可以参与交易，但没有记账权，单笔交易无须所有节点确认，从而缩短了交易处理时间。

联盟链因参与管理的节点是预先指定的，适用于更简单高效的共识机制，所以交易验证和交易确认的效率高，只需较少的成本即可维持稳定运行，在提供高速交易处理的同时降低了交易费用，可扩展性强。联盟链上的读写权限和参与记账权限按照规则来制定，根据应用场景的不同，联盟链可以部分或全部对公众开放。联盟链适合相对稳定的组织或机构在内部使用，如各大银行之间可以组成一个联盟链，用于银行间结算。相比传统的银行间结算对账困难、结算时间较长等劣势，联盟链可以实现银行间共享一个统一的账本，使交易做到短时间内自动结算，同时具有较高的安全性。典型的联盟链平台有 Linux 基金会主导的超级账本（Hyperledger）、摩根大通打造的 Quorum、银行区块链联盟 R3 CEV 等。

3．私有链

相比公有链和联盟链，私有链则完全封闭，数据的写入权限仅掌握在私有组织内部，不对公众开放或由组织来决定开放程度。组织负责制定节点参与私有链的共识达成过程的规则，节点数量有限，且数据的读写权限受到严格的管理。节点加入需要进行身份认证和注册，由严格的权限管理体系来决定。私有链采用区块链技术进行记账，记账权并不公开，且只记录内部的交易。私有链通常用于组织内部使用的系统，如企业的数据库管理、供应链管理等，也有一些政府行业的应用。私有链类似于企业内部的局域网，基本上与外部网络是隔离的。

私有链允许拥有特权，并且运用特权可以很容易地修改区块链的运行规则，实现交易还原和修改区块链数据等操作。这一点虽有违区块链的本质，但适用于某些特殊的应用场景。私有链里的节点及网络都是可控的，可以采用高效的共识机制使交易效率提高。此外，私有链中数据的获取严格受限，具有很高的隐私性，且能防止外部攻击。

对网络节点来说，公有链对所有人和所有团体开放，联盟链只对特定的联盟成员开放，私有链则只对单独的个人或实体企业内部开放。

公有链、联盟链和私有链的特点比较如表 2-2 所示。

表 2-2　公有链、联盟链和私有链的特点比较

比 较 项	类　型		
	公 有 链	联 盟 链	私 有 链
参与者	任何个人和团体	联盟成员	仅限团体内部人员
共识机制	PoW/PoS/DPoS 机制	PoS 机制或 PBFT 算法	Raft 算法
记账人	全网节点	联盟成员协商选定	内部自定义
激励机制	需要	可选	不需要
中心化程度	去中心化	多中心化	中心化
突出特点	信用的自建立	效率高、成本低	内部透明、安全性高
交易效率	低	高	高
典型场景	数字货币	交易、结算等 B2B 场景	内部审计和数据库管理

在共识机制上，公有链多采用 PoW 和 PoS、DPoS 机制，共识效率低；联盟链多采用 PoS 机制或实用拜占庭容错（PBFT）算法，对应联盟的结构特点；私有链多采用分布式一致性 Raft 算法。

在激励机制上，公有链对于节点成员的加入或退出没有任何约束力，所以需要激励机制才能达成广泛的共识；联盟链对于是否采取激励机制依据情景而定；私有链则不需要激励机制。

2.3　区块链发展方向——智能合约

2.3.1　合约的本质

合约的本质是承诺，其价值的实现只有一种方式，即履行承诺，这也是契约精神和法治精神的根本。然而，履行承诺并不是一件自然而然会发生的事情，基于个体的趋利避害性，人们总是会延迟实施对自己不利的行为。所以，只有具有高水平信用的个体或组织才会按时履约。

智能合约的设计目标是，以法治为基础，由技术代替第三方信用的提供者，驱动合约当事人以低成本履行承诺，从而提高交易的经济效率，最大限度地减少因第三方介入而产生的经济问题和信任危机，降低纠纷发生的概率。

自动化契约关系是一个古老的梦想，源于契约当事人对承诺和责任的干扰。自动化契约体现当事人履行承诺的自动性，即在忽视信用差异的前提下，也能让交易对手按时履约，实现契约精神。自动化契约具有重要的实践价值，是现代经

济系统中重要的、基础性的创新机制。

技术系统没有自私性。在数字化环境下，计算机程序对于数字形式的资产和权益可以真正实现自动履行合约条款，彻底排除执行过程中的人为干扰。智能合约是合同形式的发展过程，即由“纸质合同”到“电子合同”再到“数字合同”的新阶段、新形态。

2.3.2 智能合约的概念

智能合约这一概念可追溯到 20 世纪 90 年代，由计算机科学家、法学家及密码学家尼克·萨博首次提出。他对智能合约的定义如下：“一个智能合约是一套以数字形式定义的承诺，包括合约参与方可以在上面执行这些承诺的协议。”尼克·萨博等研究学者希望能够借助密码学及其他数字安全机制，将传统的合约条款的制定与履行方式由计算机技术来实现，从而大幅降低交易成本，使合约签署人可以通过互联网自动执行以前只能在线下操作的商业活动，以此实现真正的电子商务。然而，由于当时许多技术尚未成熟，缺乏能够支持可编程合约的数字化系统和技术，尼克·萨博关于智能合约的工作理论迟迟没有实现和推广。

智能合约（Smart Contract）是一种旨在以信息化方式传播、验证或执行合约的计算机协议。智能合约封装了预定义的若干状态及转换规则、触发合约执行的情景、特定情景下的应对行动等。区块链可实时监控智能合约的状态，并通过核查外部数据源，确认满足特定触发条件后激活并执行合约。

智能合约允许在没有第三方的情况下进行可信交易。这些交易可追踪且不可逆转。其目的是提供优于传统合约方法的安全性，并减少与合约相关的其他交易成本。智能合约是一组情景应对型的程序化规则和逻辑，是通过部署在区块链上的去中心化、可信共享的脚本代码实现的。通常情况下，智能合约由各方签署后，以程序代码的形式附着在区块链数据上，经 P2P 网络传播和节点验证记入区块链的特定区块中。

智能合约是区块链发展的重要方向，可以应用于大量的商业场景中，这也是区块链在未来最有价值的应用领域。

2.3.3　智能合约的优点

智能合约具备以下优点。

1）合约制定的高效性

不必依赖第三方权威机构或中心化代理机构的参与，只需参与缔约的各方通过计算机技术将共同约定的条款转化为自动化、数字化的协议，大大减少了通过面议、文本协议等方式制定合约的中间环节，极大地提高了协议制定的效率。

2）合约维护的低成本

智能合约是计算机程序，部署成功后由计算机按照合约中的约定监督、执行，一旦发生违约则按照约定由程序强制执行，因此极大地降低了人为监督与执行的成本。在现实中，通过司法手段进行违约追索的成本极高，特别是很多人还不习惯于通过司法的手段进行权益追索。

3）合约执行的高准确性

在智能合约的执行过程中，由于减少了人为参与的行为，利益各方均无法干预合约的具体执行，因此计算机系统能够确保合约正确执行，有效提高了合约执行的准确性。

2.4　区块链技术的价值

比特币的发明是革命性的，区块链技术的价值逐步得到高度的认可。基于区块链技术所创立的比特币系统，首次在完全陌生的环境中、在缺少中心化机构监管的情况下，实现了数字资产的去中心化、点对点直接交易。

虽然区块链技术是一系列成熟技术的组合，但组合后的技术系统实现了颠覆式的创新价值，即对传统中心化模式的突破——去中心化。这是区块链技术的核心价值，其他价值还包括不可篡改、可溯源等，但只有“去中心化”实现了人类以往不曾实现的设想：在没有中心化机构的情况下，实现人与人之间的信任。

这一机制是通过技术来实现的：通过集体维护可靠的数据库来解决信任风险和信任成本问题；不可篡改保证了数据记录不能被更改和撤销；可溯源保证了可以追溯到数据的本源，查询数据产生、传输和使用的整个过程。

另外，抛开比特币市场价格的跌宕起伏，仅探讨比特币系统本身的技术系统及设计创新性，它是一次数字代币在概念和技术上的创新实验，标志着人类货币体系的发展前进了一大步，彻底改变了人们对于货币的思考方式，对央行的货币发行方式、政策，以及现有金融中介系统的高成本服务都将产生巨大的影响。

2.4.1 中心化交易的缺点

淘宝购物以支付宝为信用中介，是中心化的电子商务交易模式。付款操作实际上包括银行和支付宝两个金融机构之间的交易行为，即银行把相应的资金从绑定的银行卡转移到支付宝，买家“确认收货”后，支付宝收到确认收货的信息并把相应的资金转给卖家，至此交易结束。

为什么要通过支付宝这样的第三方机构参与支付才能完成交易，而不能在买家和卖家之间直接交易呢？因为买家和卖家之间总会有发货、收货、支付上的时间差，每一方都可能违约。只有当买卖双方当面一手交钱一手交货时，才可能不需要中介（商品的价值与品质能当场确认），而其他交易方式都需要第三方机构的信用背书。

银行以国家信用为支撑，所以老百姓相信银行。作为由国家管理的庞大金融机构，银行是中心化的典型代表。其他形式的中介机构也必然以高信用，特别是国家信用为支撑。

参与交易的各方对第三方机构的共同信任使交易能够达成。中心化机构能够帮助我们解决交易中的信任问题，但是它的弊端也很多。其中最重要的问题是，能完全相信中心化机构吗？答案是不能。

中心化机构本质上也是由利益驱动的，所以信息安全并不能得到完全保证。且在大数据技术普遍应用的今天，海量的用户信息常被用来牟利，损害了用户的利益。例如，2018 年 8 月，有人非法售卖华住公司旗下酒店的数据，售价为 8 比特币（在当时折合人民币约 37 万元）。泄露的酒店包括汉庭、美爵、桔子、全季、海友等众多大家熟悉的连锁酒店，泄露的信息包括官网注册资料共 53GB，约 1.23 亿条记录，入住登记身份信息共 22.3GB，约 1.3 亿条记录，酒店开房记录共 66.2GB，约 2.4 亿条记录。有专家认为此次信息泄露很可能是 2014—2018 年国内最大、最严重的个人信息泄露事件。

另外，中心化系统采用集中化的数据存储模式，有部署简单、硬件升级简单、维护较为容易等优点，但其缺点也很明显。

（1）中心依赖性强：如果中央处理系统出现故障，那么整个系统将不可用。

（2）可扩展性差：当业务不断发展、节点数据量不断增加时，中心化系统升级扩容比较困难。

（3）安全性差：系统故障、黑客入侵会导致文件的重大损失。

（4）可伸缩性差：当节点数据量减少时，中心化升级的设备会造成浪费。

（5）响应性差：不能对用户进行个性化和特殊的配置。中心化机构具有垄断性，可能导致服务时效性差。

2.4.2　区块链技术的创新价值

综合以上分析，区块链技术的创新价值体现在多个方面。

1）实现去中心化的价值转移

在现有的电子支付系统（以银行等为主的中心化系统、第三方模式）中，由银行或支付服务提供方来验证并记录系统中发生的交易，账本仅掌握在银行这类中心化机构手中。而比特币在人类历史上第一次实现了去中心化的数字代币发行和交易模式，即无须中心化的第三方认证机构或账务管理系统对交易进行验证和记录，全网由交易参与者共同维护、更新一份完全相同的账本。

2）实现分布式账本模式

区块链技术实现 P2P 网络上的分布式账本，每笔交易产生后，所有转账、交易信息都将被记录在区块上，区块与区块之间首尾相连，形成链式结构，并且公布于网络上所有的节点中，以完全相同的副本保存在所有节点上。节点可根据权限查阅相关交易记录，但任何单个节点都无法轻易控制和更改整个账本数据。

3）基于密码学的信任机制

如前所述，区块链的本质是现代信息技术、现代密码学、网络管理激励机制的集成，是一门集数学、金融学、法学等学科为一体的，主要用于解决人与人之间信任问题的学科。

高度分工的社会是以密切的协作、组织化来创造利益，进而分配利益的。而协作的前提是信任，信任则是有效分配的结果，所以分配利益与创造利益是同等重要、密不可分的整体。互联网向价值互联网发展，网络经济向数字经济转换，其中治理的基础性作用越来越重要和明显。

节点通过共识机制达成共识，基于密码学原理而不是第三方信用，使任何达成一致意见的双方都能够直接进行支付与收取，从而不需要第三方机构的参与。也就是说，区块链技术基于加密技术（计算）和公开的分布式账本的设计思路，真正摆脱了第三方机构的制约。这种金融信任机制的创新具有极广泛的应用前景，不仅在电子货币转账中得到应用，而且可以广泛地应用于其他领域，实现更广义上的价值转移。例如，各类有形资产和无形资产的所有权归属与流通，理论上都可以运用区块链技术进行记录和追踪，实现点对点的价值转移，这为资产管理领域带来重大的革新。

4）技术自治

公平和效率一直是经济领域的核心命题，也是社会发展追求的目标。市场经济建立在自由交换和平等谈判的基础之上，成为世界经济的主流，是迄今为止最接近公平的经济形态。其中，市场治理发挥了重要功能，有效的市场治理在规则平等、形式平等的条件下，确保各方具有规则适用意义上的地位相同、权责对等。这种治理规则赋予市场参与者平等的权利和机会，使市场参与者充分利用自主权利进行利益博弈，形成良性秩序，从而实现经济学上的公平和效率。

智能合约的自动执行、自动履约机制可以处理复杂的业务，通过代码设定好的业务逻辑能够自动按照触发条件执行而无须人为干预，因此广泛地应用于涉及合同处理、数据交换与所有权转移的金融、物联网、物流和共享经济等场景中。契约是人类经济社会中最基础、最重要的关系，这一机制使人类社会在关键治理的治理机制上前进一大步。

区块链技术的应用已从金融领域逐步扩大至各领域，将在物流追溯、资产转移、合约管理、身份验证、选举投票等领域中得到广泛应用，未来必将引领财务业务创新与会计核算革命。

2.4.3 信息保真的价值

1．信息真实性的内涵

真实是信息价值的逻辑起点，表示信息表达、证明事实的强度。“信息真实性”是产生主观真实的基础，即真实的信息是事实成立的基础。

信息越逼近真实，说明信息越能证明事实，越具有价值。如前所述，信息真实性是网络世界的基础性问题。信息作为一种人造的符号，其优点是在网络中的传递成本极低，但信息又具有极易被篡改且难以验证的不足。在实践中，既要保持信息不被篡改的状态，又要想办法来验证接收到的信息是没有被篡改的信息。

2. 信息真实性的原理

区块链技术采用分布式账本，使保存在区块链中的信息无法被篡改，实现了信息保真机制。区块链技术可以证明文件或通信的存在性、完整性和所有权。信息保真机制是存证功能的核心机制，也是区块链技术最重要、最基础的功能。信息真实性的原理示意图如图 2-9 所示。

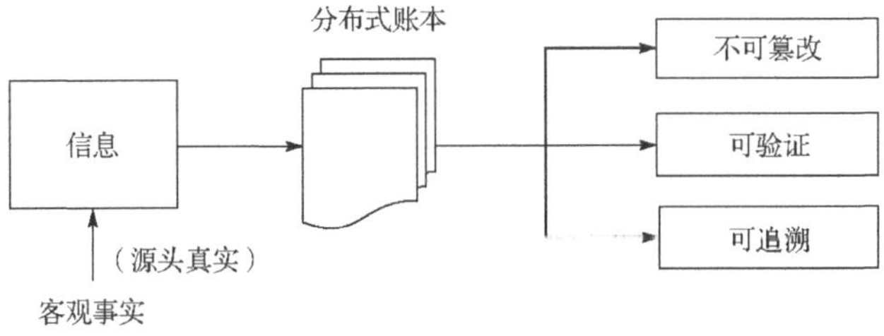

图 2-9　信息真实性的原理示意图

真实的客观事实（源头）发生后，会形成主观的信息（由观察得到），而信息经过分布式账本由区块链存储，具有不可篡改和可验证的特点，且记账具有可追溯的特点，实现了信息保真。这些存证的信息可作为证据，用于证明曾经发生的客观事实。

（1）源头真实是信息真实性的前提和基础。如果源头不真实，那么相关的信息及证据很可能是人造的假信息，用以欺骗对方或掩盖事实真相。所以，如果源头不真实，那么后面形成的信息无论以何种方式存在，即便是区块链存证方式，都是没有价值的。

（2）传播真实。不可篡改和可验证保证了信息的传播真实。信息保存在区块链中，进入人造模式，当以一定的方式进行信息传播（发送给另一主体）时，要求传播过程的任何环节都不能对信息进行篡改。只有这样，才能保证信息的原始性、真实性。分布式账本实现了传播真实。

（3）可追溯。信息经过多次传播，应仍然能追溯信息的源头及传播的过程，这也是保证信息真实性的重要方法。区块链中的身份验证、链式记账和分布式存储是实现可追溯的技术方案。

在数字化环境下，信息真实性的识别只能通过技术验证才能实现，而只有确认了信息的真实性，或者保证信息足以让人相信，交易者之间才能达成稳定的共识，从而产生信任、达成交易。

3. 防篡改机制

在多方参与的交易中，应防止信息不被篡改，且不需要高信用的第三方机构参与，这种去中心化的形式是价值互联网的核心思想，也是在虚拟世界构造真实性和构建信任关系的基础模式。

区块链采用分布式账本技术来实现上述思路，通过点对点传输技术、链式存储技术、非对称加密技术、分布式多点存储技术、共识机制等，保障信息的可靠性、真实性、可追溯性。

加密算法是防篡改机制的技术基础。加密算法让信息从一串可以任意读取、修改的符号，变成一串不可阅读、不可修改的符号，除非获得相应的密钥。信息安全要求保护信息和信息系统免遭未经授权的访问、使用、泄露、中断、修改、破坏或销毁。密码学通过数据加密、消息认证和数字签名等方式，保护通信和存储信息免遭窃听、篡改、伪造、抵赖等。

防篡改机制的原理示意图如图 2-10 所示。

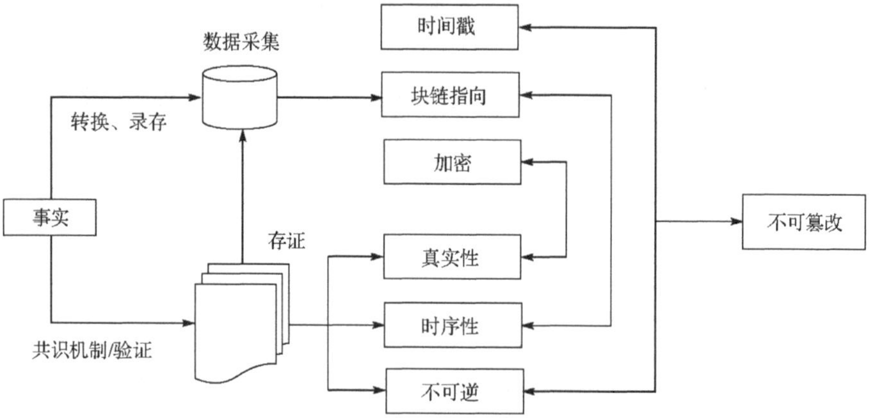

图 2-10　防篡改机制的原理示意图

但区块链技术只能保证记账、存证后，以及传播过程中的信息不被篡改，无法保证、鉴别、提高存储之前的信息质量（真实性）。源头信息的真实性仍然需要传统的技术或人工手段来保障。所以，区块链技术不是改善、提高信息的真实性，而是维持信息的质量不改变。

4．可信数据

如果在产生（源头）、存储、传播等过程中都保证了数据不被非法篡改或经由共识机制处理，那么最终所有参与者都可以认为数据是可信的，即利用数据直接做出交易或其他决策，而不需要质疑数据的真实性。这种数据被称为可信数据，即所有参与者都相信不假的数据。

可信数据有证明事实的证明力，是证据，具有司法上的证据采信、事实认定作用，在实践中具有重要的应用价值。

源头真实是可信数据的基础。如果源头有假，那么无论采用何种技术对数据进行加密、保存，都无法提高数据的可信度。

存储真实、传播真实是数据产生后的保真过程。数据以一定的方式存储，再以一定的方式传播，要求传播过程的任何环节都不能对数据的状态、内容进行编辑。数据采集结合分布式账本构成“源头真实+存储真实+传播真实”机制，实现可信数据机制。

可信数据形成逻辑示意图如图 2-11 所示。

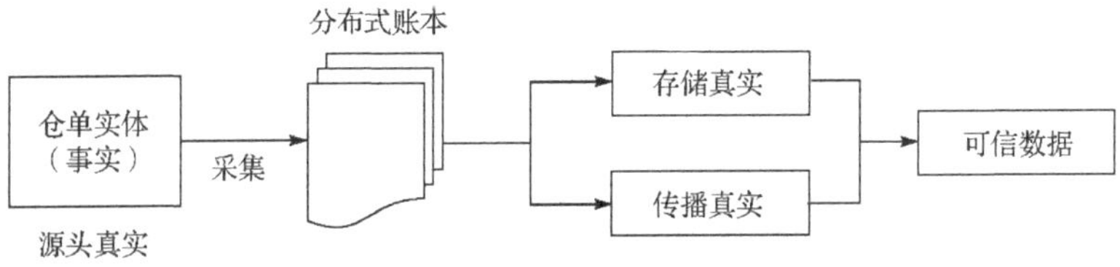

图 2-11　可信数据形成逻辑示意图

保证数据可信的最终目的是证明事实，这一方面需要真实性，另一方面需要证明力，二者缺一不可。例如，基于物联网智能设备或采用大数据、人工智能、边缘计算等方法取证，获得用于记录事实的信息（源头信息），其信息的真实性（保证与源头信息完全相同）由加密算法来保证，信息时序性由块链指向指针来确定，时间戳记录信息产生的时间。可信数据的构造逻辑是，以不可篡改、时间戳（时序性）来保证信息的真实性，使传播与存储过程都保证数据不产生变化。

数字化的价值建立在信息真实性的基础之上，严格把关源头信息的真实性及质量，与保证信息在传播过程中不被篡改同样重要。可见，高质量的信息一方面来自对信息的真实性、信息质量的严格把关，另一方面以区块链的方式存在于虚拟空间而保持不变（不可篡改）。

2.4.4 区块链技术的应用发展进程

区块链是建立在非安全环境中的分布式数据库系统（如果是安全环境就没有必要加密，可以形成信任关系）。去中心化意味着必须由技术工具来代替节点之间的关系，以进行协调和治理。所以，对于具有绝对控制权节点的系统，没有必要采用区块链技术；对于十分安全的系统，也没有必要采用区块链技术。例如，企业内部、家庭成员之间，没有必要用不可篡改的账本来形成信任关系或维持交易的公正性，因为企业内部可以采用行政的方式来实现内部的信任，家庭成员之间则可以依赖天然的血缘关系维持信任关系。

区块链技术的应用发展进程示意图如图 2-12 所示。

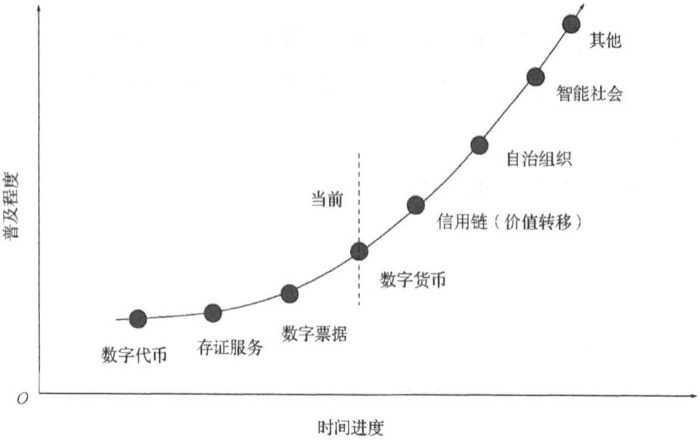

图 2-12　区块链技术的应用发展进程示意图

目前比较成熟的商业应用是数字代币和存证服务，而数字票据和数字货币是区块链技术应用的热点领域。随着区块链技术的成熟，智能合约的治理功能将为自治组织提供强有力的技术工具，对现有的中心化社会经济模式产生冲击。

1）数字代币

目前，我国已经明确规定数字代币交易是不合法行为，主因是数字代币突破了传统的金融监管而被应用于非法领域。数字代币的代表是比特币，它已经被一些国家和跨国机构认可为数字资产，但现有数字代币存在总量一定、价格波动剧烈、没有法律保障及公信力低等缺点。数字代币的应用仍然处在实验阶段，但已比较成熟，未来各个国家和地区将对数字代币政策的制定与实施、支付结算体系、反洗钱等经济金融的多个方面进行一系列规定。

2）存证服务

存证具有广泛的应用场景，是目前区块链技术应用最为广泛的领域。其中，民生领域的存证应用具有显著的效果，包括出生证明、精准扶贫、慈善募捐、遗嘱证明、婚姻登记、财产公证、社会保障、学生成绩记录和学历证书等，可有效解决中心化模式下的信任不足、效率低下、机制不灵活等问题。采用公开的分布式账本形成公平化和透明化、可查询的公用信息（部分需要依据权限查询），将极大地提高这类社会基础信息的公信力，有效制约动机不良分子的道德风险问题。除此之外，信息公开、容易查证等将有效制约不守信的行为，极大地降低社会信用成本。

3）数字票据

票据是商业领域使用最为广泛、较为便利的企业间支付常用方式。票据的本质是高信用，只有高信用的票据才具有融资功能，而融资功能是票据的核心功能。传统纸质票据及通过交易所交易的模式存在诸多不足。“区块链+数字票据”的方式出现之后，区块链上持有的票据被各个机构节点所确认、背书，有数据保全的安全性，可促成点对点的直接交易，使数字票据的交易远比线下交易更为便捷、低成本，且无须清算。

4）数字货币

数字货币不同于数字代币，它具有非稀缺性、价值稳定性、低成本或零成本、不可伪造或篡改、赢得共同的信任五大技术特征。数字货币的应用与推广，并不是对纸质货币和电子货币的简单替代，而是充分发挥数字货币在数字交易中的核心功能：只有结合数字货币，区块链去中心化的交易功能才能真正实现。但目前对于数字货币，各国央行仍然多处在研发、实验阶段。

5）信用链（价值转移）

传统的互联网只能实现信息的自由交换和传递，而不能实现价值的自由交换和传递（转移）。将价值表达为数字的形式（数字货币也是一种价值的数字化表达），通过点对点交易，以机器信用代替第三方信用，能够在多个节点的链式网络上转移价值，这是互联网向价值互联网转换的关键。

6）自治组织

多中心结构使市场主体间逐步形成“相互认同、相互制约、透明化、安全化、诚信化”的“网络式自治共同体”，其本质是由市场主体自下而上的自治模式代替政府自上而下的市场监管模式。完全以软件的形式构建起来、通过人工智能或智能程序进行工作，可能是去中心化自治组织的终极模式，自治代理、智能程序、不断进步的人工智能算法将为其提供可自我维持的运作和价值创造。这一设想有待真实的实验来证明。去中心化可杜绝管理人员在人性上的不足（如自私、腐败）。

网络化的自治组织在经济性与社会性监管方面具有创新性。在传统意义上的市场交易中，自治组织是信息流、资金流、物质流等在一定时空范围内自由匹配的结果，可解决传统交易活动因地理空间、权力范围、组织边界分割等产生的“中心化”问题。想要打造一个自我维持秩序的生态系统，弱化政府“中心化”的市场秩序维持方式，重点在于技术治理，需要更多适合数字世界的技术监管工具，而不仅是基于现实世界中的法律法规。

7）智能社会及其他

智能社会的特点是自治组织大量出现，而维持自治组织的运行和秩序，则依赖于多种智能技术的综合应用。以技术自治模式代替传统的社会治理模式，智能技术将带来交易成本的大幅下降、社会与商业信任关系的重构。

智能合约的社会化。未来，所有契约性的约定将实现智能化，智能合约可以保障所有约定可靠执行，避免被篡改、抵赖和违约。

除将社会中的有形资产转变为数字资产进行确权、授权和实时监控外，区块链技术还可以应用于社会中的无形资产管理，如知识产权保护、域名管理、积分管理等领域。

随着智能合约与自治组织的出现，社会管理效率与商业组织治理模式等也将发生巨大变化，这方面的创新将留给人们巨大的想象空间。

2.5 区块链技术的应用场景

电子商务是多数行业数字及数字化产品的流通和消费方式，数字及数字化服务是电子商务的核心内涵。电子商务是数字经济最主要的组成部分，是数字经济发展的“牵引者”，发展电子商务是发展数字经济的重要抓手。自 1998 年中国开始电子商务实践，到今天阿里巴巴等中国电子商务企业在全球市场具有极强的竞争力，中国电子商务已经走过 20 多年。

2020 年，中国电子商务交易额达到 37.21 万亿元，同比增长 4.5%；电子商务服务业营业收入规模达到 5.45 万亿元，同比增长 21.9%。同时，数字经济的蓬勃发展促进了市场主体的快速增长，创造了大量的就业岗位，成为保就业、保民生、保市场主体的重要渠道。

场景由时间、空间、设备支持、用户需求等多个方面的要素所组成，可满足以用户需求为中心的特定情形。场景代表特定性，即用户需求的个性化，而如果产品或服务适用于某一场景，就说明这个产品或服务对于用户需求具有明确的针对性、不同于一般的契合性，这是产品或服务的“灵魂”。

目前，区块链技术的应用场景主要分为三类，即链上存证、链上协作、链上价值转移，其技术难度和应用方案的复杂程度依次升高。表 2-3 列举了目前常见的应用场景，其中与电子商务有关的应用场景主要有以下几个。

（1）链上存证：农产品溯源。

（2）链上协作：电子发票、电子证据流转。

（3）链上价值转移：跨境支付、能源交易、数字票据。

表 2-3　区块链技术的应用场景

分　类	领　域						
	金　融	农　业	工　业	商　业	政　府	司　法	医　疗
链上存证	供应链金融	农产品溯源 土地登记	防伪溯源 碳核查 绿电溯源	存证 产品溯源	电子证照 精准扶贫	公证 电子存证 版权确权	电子病历 药品追溯
链上协作	—	农业供应链管理	能源分布式生产 智能制造	电子发票 电子合同	政务数据共享	电子证据流转	医疗数据共享
链上价值转移	跨境支付 数字货币	农业信贷 农业保险	能源交易 碳交易	数字票据 通证	—	—	医疗保险

1）链上存证

互联网中的节点处在不安全的环境下，节点之间天然缺少信任的基础，也缺少对节点行为的强约束。对此，区块链在不安全的环境中构建了一个安全的“数据岛”，采用基于分布式账本的存证技术，这一基础架构具有跨组织协调的功能与价值。区块链使节点之间形成了信任关系，使链上协作、链上价值转移有可能发生。

2）链上协作

协作的前提是节点之间相互信任。现代企业的信用成本远高于数据处理、流程再造等运营成本。互联网以永不见面的协作方式为主，凭什么使节点之间相互信任？凭借计算。区块链、大数据、人工智能、物联网等，都具有通过大数据、小数据将节点的信用计算出来的特点，即“计算信用”，可以有效解决因现代商业信用体系不足而造成的交易成本高的问题。因此，区块链技术在基于链上的协作中起到重要作用。链上协作最终体现为交易的便利性与交易成本的大幅下降，这是引发产业发生颠覆性变革的前提和目标。

“计算信用”的基础是由多种技术组合而形成的，大数据、人工智能及物联网，分别针对不同的应用场景实现网络化、精准化、可控化，依赖于在线互联、风险控制、产融结合模式，形成商业生态系统。

3）链上价值转移

区块链又称价值互联网技术，它试图解决资金、合约和数字资产在互联网上交换、交易与转移的难题。区块链将技术作为“监督者”“裁决者”，使网络世界具有治理的机能，对商业秩序、交易者信用起到支撑和监管作用，具备链上价值转移的基础。

区块链对于价值的转移，其原理是构建一个共同的利益体，依赖成员之间的相互监督解决价值交换与转移中存在的欺诈和寻租现象。这一原理将成为未来数字经济运作的基础之一。促进跨组织节点之间形成信任关系，这是区块链商业应用的基本功能。在现实中，凡是具有公正、公平、诚信需求的场景——资产或权益的交易，区块链技术都与其具有天然的匹配性，金融业最为明显。

第3章

电子商务存证应用

3.1 电子商务纠纷

3.1.1 电子商务纠纷概述

电子商务已经成为消费和生产制造领域的主要模式，是国民经济增长的新动力。电子商务在提供便利快捷的商品搜寻、在线交易、跨区域商品交易等好处的同时，也伴生了消费欺诈及假冒伪劣现象突出、商品质量投诉率居高不下，以及消费者维权渠道少，缺少相关法律依据，最终导致损失难以追回等问题。

电子商务纠纷是在通过互联网等信息网络销售商品或者提供服务的经营活动过程中产生的纠纷，主要涉及电子商务平台、平台内经营者和消费者三方主体之间的相互关系。

我国是全球电子商务大国，中国互联网络信息中心（CNNIC）于2020年发布的《中国互联网络发展状况统计报告》显示，截至2020年3月，我国网络购物用户规模达7.10亿人。在如此庞大的人口基数下，必然出现电子商务纠纷数量庞大、形式复杂的状况。所有类型的电子商务交易中、电子商务交易的每个流程中，都可能产生利益纠纷，如商品质量、支付、虚拟财产、物流运输、合同等。网经社发布的《2020年度中国电子商务用户体验与投诉监测报告》显示，2020年全年受理海量用户投诉中涉及580家主流电子商务平台。“退款、发货、商品质量、网络欺诈、售后服务”是排名前五的问题。

在我国现有法制和行政体制下，消费者可以通过行政机构，甚至是法院起诉来维权，但这样必然产生数量庞大的维权案件。且由于原告、被告多处于不同的行政区，地理距离遥远，当事人的维权成本很高。电子商务纠纷产生后，当事人的权益实际上难以得到维护，甚至连当事人对于自身权益的维护也并不积极。从司法的角度看，如此数量庞大的电子商务纠纷由基层法院来处理，必然会造成基层法院审理的巨大压力，在司法资源配置不能大量增加的现实下，导致一些法院长期超负荷运转，致使案件积压，公民合法权益不能得到及时维护，不利于我国司法公信力的提高。

消费者难以维权的另一个重要原因是技术问题。诉讼中的大量证据以电子证据存证的形式呈现，但电子证据普遍具有易消亡、易被篡改、技术依赖性强等特点，与传统实物证据相比，电子证据的真实性、合法性、关联性的司法审查认定难度更大。而普通消费者大多欠缺举证能力，向法院提交的电子证据质量较差，存在取证程序不当、证据不完整、对案件事实指向性差等问题，直接影响到电子证据在诉讼中的采信比例，不利于消费者的维权。

3.1.2 电子商务纠纷的类型及特点

电子商务纠纷按交易环节大致可分为在线交易纠纷和商品运输纠纷。

（1）在线交易纠纷。在在线交易中，一般需要第三方交易平台作为担保方，消费者与经营者、经营者与平台、消费者与平台之间容易产生纠纷。

（2）商品运输纠纷。在商品运输中，常见为线下服务者间产生的纠纷，如仓储或快递公司、骑手、运输车队间，在运输过程中出现商品瑕疵（货物损失）后，往往就赔偿范围与条件、赔偿金额等产生争议而导致纠纷。

电子商务纠纷与传统的线下交易纠纷相比存在较大的不同，其特点如下。

1）纠纷数量庞大

2017 年 1 月 1 日至 2020 年 6 月 30 日，全国各级人民法院一审新收网络购物合同纠纷案件共计 4.9 万件。纠纷数量庞大的原因，一是参与交易的人口基数相当大，二是产生纠纷的比例较高。除登记在案的纠纷外，还有大量已经产生纠纷，但没有进入正式司法环节的情况，这说明电子商务纠纷问题是普遍性的。

2）纠纷数额小、维权成本高

电子商务纠纷涉案标的额集中在 1 万元以下，占比 60%以上。原告一般要在被告所在地的法院提起诉讼，若标的额太小则原告往往会选择放弃维权。

3）纠纷涉案标的物多元化，服务纠纷案件增长明显

电子商务纠纷案件涉及众多商品和服务，杭州互联网法院发布的《电子商务案件审判白皮书（2018 年度）》显示，2018 年统计涉食品、保健品、药品、电子产品、服饰五类案件占收案总数的 76%，较 2017 年下降 13%，涉案标的物更加多元化，出现了由网购汽车、无人机等商品引发的案件。通过网络购买服务引发的纠纷案件增长明显，主要集中在旅游产品预订、酒店预订、家政服务、教育培训、装修空气质量检测等领域。

4）纠纷类型多种多样

如今，电子商务纠纷类型多种多样，如：商品质量、消费者被欺诈及售后问题容易造成纠纷；经营者与平台之间的租赁关系的变动，以及技术支持的纠纷；消费者与平台之间在用户协议履行上的纠纷。新的案件类型大量出现，如网络产品责任纠纷、网络著作权纠纷、利用互联网侵害他人人格权纠纷、互联网域名纠纷等。另外，新型电子商务纠纷案件增多。社交电子商务、社区电子商务、跨境电子商务、引流电子商务、农村电子商务等新型电子商务的快速发展，引发了较多的纠纷。

5）消费者证据观念普遍淡薄

消费者普遍缺乏存证意识，提取证据能力差，参与诉讼能力弱。电子商务交易的流程发生在网络空间中，交易双方的信息传递不是通过传统的纸质合同或面对面的约定方式，而是通过数据电文，数据电文更易于被事后篡改、污染或删除。消费者对网络交易平台的被动使用，往往导致其对以数据电文为载体的交易信息缺乏存证意识，或者对保存在网络交易平台的数据信息不知如何提取、利用。另外，在实践中，消费者提交的证据材料多不符合证据的形式要求，导致法院在审理时难以有效地查明案件事实。

6）交易信息不对称情况突出

线上交易的不足之处是消费者不能直接感受到商品的质地、气味等物理及化学特性。消费者既不能直观感受商品，又不能和商家直接面商，仅能根据商家在网络上提供的图文信息判断商品质量。这使消费者完全处于交易信息不对称的弱势地位，各种交易风险极易被转嫁到消费者一方。

7）相关法律规范明显滞后

立法速度无法赶上新产业、新业态、新模式的创新发展速度。社交电子商务、

社区电子商务、直播带货等新型电子商务的出现，导致电子商务纠纷案件不断涌现，使案件法律关系更为复杂、事实查明难度更大、案例类型化整理更具挑战性。技术的发展也使交易进一步虚拟化，主体身份的确认、意思表示的归属及合同的履行等一系列交易环节都被技术包裹，有赖技术和法律判断有效结合，以对主体身份、意思表示和合同履行等做出确认。

3.1.3 电子商务中的存证与维权需求

无论是消费者还是国家行政机关，对于商品质量、商家的不当行为，都负有举证的责任，收集合理的证据成为电子商务交易中维权的关键。例如，2013 年，原国家质检总局在杭州建设“电子商务产品质量风险监测中心”，建立“风险监测、网上抽查、源头追溯、属地查处、信用管理”的电子商务产品质量监管机制，涉及电子证据的收集、存证，并制定了一套风险监测的规章制度和网上购买、入库、取证等相关的流程。这是国家行政机关专业化收集证据的做法。

收集证据属于专业化的工作。普通消费者普遍缺少专业化收集证据的能力，在实践中存在许多技术难题。传统的证据收集是在现实世界中，而电子商务则是在虚拟空间中进行电子证据的收集与存储，后者存在以下两大难题。

1）我国在法律上对电子证据保全（存证）有一系列严格的规定和要求

电子证据保全除要符合合法性原则、保密性原则、独立性原则、完整性原则外，还要符合专业性要求，如：保全电子证据时必须对网络环境、电子证据生成的系统环境或设备进行清洁性检查；固定电子证据时应通过中国科学院国家授时中心获取标准授时时间戳等。对以上一系列要求，普通证据存证无法满足。

2）社会对公信力的要求较高

电子证据容易灭失、被剪辑或被篡改，只有保全之后才能符合法律上对电子证据的要求。而无论是网监中心还是普通消费者，都需要自行对电子证据进行存证，这一行为属于自证。与他证相比，自证非常容易遭受质疑，在司法审判中可能因缺乏证明力而加大维权的难度。在现实中，网页、邮件、语音、视频、照片等都属于常见的电子证据，这些都需要专业的存证方法与工具才能达到司法要求的证明力。

3.1.4 司法适应电子商务时代的发展

保护消费者权益的最终力量是法院的司法审判，同样，司法也需要适应电子商务时代的发展才能达到保护消费者权益的目的。2017 年 8 月 18 日，杭州互联网法院挂牌成立；2018 年 9 月 9 日，北京互联网法院挂牌成立；2018 年 9 月 28 日，广州互联网法院挂牌成立。设立互联网法院是我国司法主动适应互联网发展大趋势的一项重大制度创新。其中，互联网法院为维护网络安全、化解涉网纠纷、保护人民群众权益、促进互联网和经济社会深度融合提供了有力的司法服务与保障，取得了良好的效果。

电子商务纠纷的司法审判需要全面实现从线下到线上的诉讼流程和审理模式转变，以适应电子商务及数字经济时代的发展。依托功能全面的网上诉讼平台，诉讼参与人可以通过计算机端或手机端登录平台，实现起诉、立案、送达、举证、质证、庭前会议、庭审、宣判、执行等环节全部在网上进行。完全线上化的审理模式打破了空间限制，通过技术手段解决了主体身份确认、文书送达、电子证据认定、行为控制等问题，使当事人足不出户即可完成诉讼。通过异步审理模式，当事人可利用空余时间，不同时、不同地、不同步参与诉讼活动。诉讼各环节均可在规定期限内，按照各自选择的时间登录平台以非同步的方式完成，充分保障当事人的诉讼权利，解决线下审理的各种弊端。

构建电子证据平台是法制建设的“新基建”，可建立面向公众的电子商务交易基础信息电子存证，解决电子证据取证、认证困境的基础性问题。首先，电子证据平台打通了当事人与电子商务平台的数据交换。当事人通过网上诉讼平台的端口可以同步获取涉诉的交易订单、物流信息、聊天记录等证据，解决其自行收集电子证据的能力问题、专业化问题和时效性问题。其次，电子证据平台打通了法院与金融机构、公证机构、第三方存证机构等存证平台的数据对接。特别是采用区块链技术组建司法联盟链，将公证处、司法鉴定中心及法院连接在一起，使每个单位均成为链上节点，通过弱中心化结构形成可直接用于审判的可信数据，解决电子证据易变、易改、易灭失带来的证明力缺乏问题。

将区块链技术用于电子证据的获取，具有存证后证据不可篡改、不可抵赖、多方参与记账等特性，可以满足电子证据存证的需求。电子商务存证是区块链技术重要的应用落地领域之一。

3.2 证据与法治逻辑

3.2.1 证据的定义与特性

证据具有真实性，是事实客观存在、成立的理由。证据的本质属性之一是相关性（关联性）。证据链是证据的理由或称理由的理由，“完整的证据链”是证成事实的核心标准，意义重大。证据本质上是“一种关系”，这种关系只有在一个证据与其他证据的联系中才能得以体现，只有一个证据无法产生联系，就不能体现证据的价值。

直接证据、孤立证据并不能够“单独”证明事实，每个证据只有在特定场景、与其他证据的联系中才能显示其意义。一个证据无须借助其他证据的支持或协助就可以证明主要事实，或者只要一个证据就可以证明事实的全部内容，这类命题在逻辑上是不成立的。

直接证据与事实联系间存在“直接性”“单独性”，但直接证据必须经过解释的过程而直接与案件事实发生联系。“案件事实”是主观状态，无法被证据“直接”“单独”地证明。另外，不仅是孤立证据无法证明事实，而且即使是若干孤立证据也无法证明事实，因为证据之间没有联系却能共同证明同一事实，这是不可想象的，这也说明了只有证据链才能证明事实。

在司法实践中必须对众多证据进行通盘考虑，因为每个证据只有在与其他证据的联系中才能显示其证明力。所以，不存在脱离具体的案件背景及证据关系的孤立证据，我们必须结构化取证。即使是刑事案件中案发现场的监控设备录取的画面，也无法直接证明犯罪的动机、因果关系。对于类似案件，检方为了证明监控画面的事实性，需要提供其他证人、证言、医学鉴定结论等证据。

3.2.2 法治逻辑

现代司法奉行证据裁判原则，即“认定案件事实，必须以证据为根据”。事实是客观的，具有真实性，事实只能由证据来证明。如何证明事实是司法的核心问题，关键在于依赖证据或证人的证明。取得充足的、有证明力的证据是关键；并且只有形成证据链，才能充分证明事实。

以上是法治的核心逻辑，现代的法治具有以下内涵。

1）事实是客观的，但事实认知是主观的

任何事实都发生于一定的时空之中，事实必然发生在特定的某时某刻和特定的某一具体地点。事实具有真实性、客观性、唯一性，客观性就是不以人的主观意志为转移。在现实世界的时间和空间维度上，特定事实一旦发生就具有了客观性，是客观存在的，任何人都不能否定其客观性。但事实能否被人知道，即能否形成事实认知是主观的，因为事实是人通过感官和思维所把握的真实存在，具有经验性。存在和事实具有可知与真知的区别。

2）只有足够的证据才能形成事实认知

人们对于事实的认知和把握，只能通过有效的证据。前面提到，证据的本质属性之一是相关性（关联性），只有与事实有关的证据才能证明事实，与事实无关的证据不具有证明价值。

3）证据链是证明事实的主要依据

除极少数直接证据外，绝大多数证据不可能与事实直接关联，而需要对众多证据进行排列组合。当两个证据之间能够组合时，意味着两者达成了稳定牢固的“链接”关系，形成了最基本的证据链。证据链比单个证据更有利于证明事实，是司法裁决的主要依据。

依据以上内涵，证据与法治逻辑示意图如图 3-1 所示。

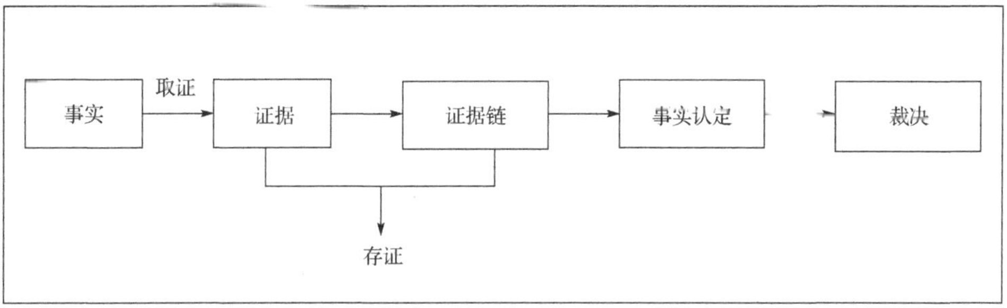

图 3-1　证据与法治逻辑示意图

3.2.3　证据链是事实成立的重要标准

证据链指一系列客观事实与物件所形成的证明链条，它既是证据相关性的具化表达，也是验证最终事实是否成立的重要标准。证据链有三个要素：一是有适格的证据；二是证据能够证明案件的证明对象；三是证据之间能够相互印证，对案件事实排除了合理怀疑。所谓适格，就是要求证据必须具有可采性。可采性要求证据必须满足两个条件。一是证据必须与案件事实相关联。证据必须同案件事实存在某种联系，并对证明案情具有实际意义。二是证据没有法律所禁止的情形，包括法律所禁止的证据形式和取证方式。

为提升对事实的证明力，取证机制以形成证据链为原则进行取证设计。例如，为证明“发货”这一事实，可以对发货单、运单（由第三方物流公司开具）、收货单、验货证明等进行取证与存证，以形成对“发货”这一事实的充足证明。将是否形成（完整、可靠、可追溯的）证据链作为判断证据与事实的基础性指标，是我国司法实践的主线。

全证据链，又称完整证据链，是指通过技术手段对某一事实的整个过程进行全程取证，形成完整的证据闭环。例如，对用户的操作进行取证，可记录电子数据产生的全过程，包括使用终端、地理位置、使用时间、现场音视频，并进行人脸识别视频存证，保障信息安全、合规有效。同时，还可在易保全、公证处、仲裁委等官网上直接查询存证的相关信息，实现司法在线可视化查询。

3.3 电子证据的取证与应用

证据是人们记录客观事实的依据。信息作为证据，以电子化、数字化的形式保存，是数字社会及数字化生存的基础之一。电子数据是人造之物，极易遭到篡改。如何确保电子数据在传递过程中不被非法篡改、保持其真实性，是信息世界的基础性问题，也是司法实践中长期存在的难题。

相比物证时代的“科学证据”，电子证据的科技含量无论是在广度上还是在深度上，都大大超出了一般物证的水平。近年来，电子证据在确立了其作为独立证据的地位后得到快速发展，开始大规模地正式介入案件，在越来越多的案件中发挥着前所未有的作用。电子证据广泛应用于各种商务往来活动中，如离婚财产分割、证券纠纷、互联网金融、电子病历。

3.3.1 电子证据的定义

电子证据是指人类社会经济信息化后，由计算机技术、现代通信技术及网络技术等产生的，以电子信息符号为形式的证据，是数字社会运作的基础。电子证据是能够为法院接受的、足够可靠的、用于证明事实的证据。电子证据取证是为证明电子证据产生的行为主体及相应行为的真实性，在行为发生时，通过技术手段对电子证据及产生电子证据的主体信息、环境信息、过程信息等进行收集、固定、存储并保障电子证据完整性的过程。

在数字化生存模式下，电子证据成为信息世界中新的名副其实的“证据之王”。但电子证据与传统的实物证据不同，电子证据具有形式上的复合性（多媒体性），技术上的依赖性、精密性、脆弱性、易逝性等特点，电子证据的有效获得与审查成为司法实践面临的重要问题。

在证据认定的过程中，电子证据的真实性、合法性、关联性对于在审案件的事实认定起到决定性作用。电子证据取证既需要遵守及时性、合法性、全面性、逻辑性等严格要求，又需要遵守严格的程序。无损取证原则（保证电子证据的客观、真实与完整）是实践中应该遵守的“黄金法则”。

目前，电子证据的防伪、抗抵赖技术主要是事前的数字签名、时间戳，第三方机构（公证处）存管等为常用模式。随着信息和数字新技术的不断出现，区块链等新技术为电子证据的司法证明开辟了新的应用模式。

3.3.2　电子证据的特点

电子证据的取证、存证、保全及司法（专业）技术鉴定有着法律性与科学性的双重属性。电子证据所固有的依赖性、易被篡改性、专业性特点，长期以来都是电子证据保全中的痛点。

作为与计算机密切联系的电子证据，它具有与其他实物证据完全不同的特点。依据电子证据的以下特点，在实践中必须严格遵循明确的方法和程序，否则会导致电子证据的证明力不足。

1）脆弱性

电子证据在物理上是电磁信号，以二进制数据、数字信号的形式存在，不法分子容易对电子证据进行截收、监听、窃听、删节、剪接，且从技术上难以查清、追溯或反证。此外，也可能因操作差错、硬件故障、通信错误等技术原因而使电子证据无法反映真实的情况。特别是电子证据的变更、毁灭极为方便，且不易被察觉，这为不法分子远程操纵计算机，破坏、篡改电子证据提供了便利的条件。电子证据的原件不能为肉眼所见，甚至没有原件的概念（可以被无限次复制），也会影响电子证据的证明力。

2）多媒体性

当电子证据以可视化形式显示时，包括文本、图形、图像、动画、音频及视频等多种媒体信息，会涉及文档文件、声音文件、图像文件、数据库文件、网页文件、视频文件、电子邮件、即时通信类文件等。

3）隐蔽性

电子证据在存储、固定、鉴定、处理的过程中，必须用特定的二进制编码表示，由编码来表达信息。电子证据与特定主体、事实之间的关系按照常规手段难以确定，直接削弱了它的证明力，需要依靠技术手段来增强其证明力。

4）难以鉴定性

数据被人为篡改后，如果没有可以对照的原件就难以查清、难以判断。纸质签署人的笔迹有各种特征，而且可以长久保存，篡改行为会留下“蛛丝马迹”，通过专家或司法鉴定等手段均不难识别。而电子证据的数据篡改简单且不易留下痕迹，导致电子证据有可能被轻易盗取、篡改，甚至全盘毁灭。

5）专业性

专业性表现在电子证据的收集、保存、认定等环节。电子证据的收集主体须具备一定的专业技术。在电子证据的保存上，需要借助专业的知识才能确保电子证据保存的完整性、可靠性。在解决纠纷时，法院对于电子证据真伪的认定需要结合鉴定机构出具的专门的审查意见来进行综合判定。因此，很难仅凭借日常生活经验对电子证据进行收集、保存和认定。

3.3.3 电子证据的取证手段与保全

1. 电子证据的取证手段

电子证据在司法实践中可以作为独立证据，相关法律也对电子证据的取证手段进行了规定。常见的取证手段包含以下几项。

（1）扣押、封存原始存储介质。

（2）现场提取。

（3）网络在线提取。

（4）冻结。

（5）调取。

（6）书式固定。

（7）拍照摄像。

（8）拷贝。

（9）委托分析。

其中，扣押、封存原始存储介质是首位选择。

《中华人民共和国电子签名法》（以下简称《电子签名法》）第五条明确了满足法律、法规规定的数据电文原件的形式，第八条阐述了审查数据电文真实性应当考虑的因素。

《电子签名法》第五条规定，“符合下列条件的数据电文，视为满足法律、法规规定的原件形式要求：

（一）能够有效地表现所载内容并可供随时调取查用；

（二）能够可靠地保证自最终形成时起，内容保持完整、未被更改。但是，在数据电文上增加背书以及数据交换、储存和显示过程中发生的形式变化不影响数据电文的完整性。”

《电子签名法》第八条规定，“审查数据电文作为证据的真实性，应当考虑以下因素：

（一）生成、储存或者传递数据电文方法的可靠性；

（二）保持内容完整性方法的可靠性；

（三）用以鉴别发件人方法的可靠性；

（四）其他相关因素。”

另外，电子证据的取证范围如下。

《最高人民法院关于民事诉讼证据的若干规定》进一步细化并扩大了电子数据的范围，完全适用于电子商务纠纷取证。

其中，第十四条规定，“电子数据包括下列信息、电子文件：

（一）网页、博客、微博客等网络平台发布的信息；

（二）手机短信、电子邮件、即时通信、通讯群组等网络应用服务的通信信息；

（三）用户注册信息、身份认证信息、电子交易记录、通信记录、登录日志等信息；

（四）文档、图片、音频、视频、数字证书、计算机程序等电子文件；

（五）其他以数字化形式存储、处理、传输的能够证明案件事实的信息。”

除上述类型的证据外，在实践中，与电子商务纠纷处理相关的传真件、网页（需要存证）、聊天记录、电话录音、支付宝证据、微信证据（包括语音）、电子照片及其他互联网电子数据等，都符合电子证据的取证范围。

2. 电子证据的保全

《中华人民共和国民事诉讼法》第八十四条规定：“在证据可能灭失或者以后难以取得的情况下，当事人可以在诉讼过程中向人民法院申请保全证据，人民法院也可以主动采取保全措施。因情况紧急，在证据可能灭失或者以后难以取得的情况下，利害关系人可以在提起诉讼或者申请仲裁前向证据所在地、被申请人住所地或者对案件有管辖权的人民法院申请保全证据。证据保全的其他程序，参照适用本法第九章保全的有关规定。”

电子证据的保全对法院来说是一个全新的课题。法院除了要选择以相关的备份程序、收集磁盘等物质载体为目标，并且对相关的使用人、制作人进行必要的询问，还应在技术专家的指导下开展相应的保全工作。保全过程很可能出现多种难以预料的技术问题，只有在专业技术人员的帮助下，才能解决恢复残留数据和其他隐藏或丢失的数据等问题。

电子证据保全的方式主要包括备份、打印（按照书证方式）、拷贝、拍摄。对于当事人无法确切证明电子邮件或聊天记录中对方身份的，保全的电子证据可能不具有证据效力。由此看出，电子证据公证的流程比较烦琐，证据保全方式成本较高，对当事人的举证能力有一定要求。

3. 电子证据的保全公证

公证证据的证明力高于一般证据。但电子证据本身具有易复制、易改动、易销毁的特点，当事人自主进行证据收集、证据真实性证明、收集证据方式的合法性证明等存在技术和能力上的不足，只有通过申请国家公证机关保全公证的方式取得的电子证据才更为现实。

关于电子证据的保全公证的操作程序，主要散见于《中华人民共和国公证法》《公证程序规则》《中国公证员协会关于办理保全证据公证的指导意见》《办理保全互联网电子证据公证的指导意见》等。根据上述法律法规及行业规范的规定，电子证据的保全公证的操作程序包含以下要点。

（1）应当使用公证机构的计算机进行。

（2）由公证员按照申请人提供的书面操作程序进行操作。

（3）公证员应当按照顺序记录登录网络、进入网址、下载、打印（或刻录）等整个证据保全过程和所使用的操作软件名称、版本。

（4）公证员审核下载内容与网页内容是否相符。

（5）制作电子证据保全公证书。

在公证申请人主动提出或保全的电子证据具有复杂性、重要性特点时，公证员应当对保全的过程进行录像，并将录像资料与电子证据保全资料一并封存。

3.3.4 电子证据的审查

《最高人民法院关于互联网法院审理案件若干问题的规定》第十一条明确规定，“当事人对电子数据真实性提出异议的，互联网法院应当结合质证情况，审查判断电子数据生成、收集、存储、传输过程的真实性，并着重审查以下内容：

（一）电子数据生成、收集、存储、传输所依赖的计算机系统等硬件、软件环境是否安全、可靠；

（二）电子数据的生成主体和时间是否明确，表现内容是否清晰、客观、准确；

（三）电子数据的存储、保管介质是否明确，保管方式和手段是否妥当；

（四）电子数据提取和固定的主体、工具和方式是否可靠，提取过程是否可以重现；

（五）电子数据的内容是否存在增加、删除、修改及不完整等情形；

（六）电子数据是否可以通过特定形式得到验证。

当事人提交的电子数据，通过电子签名、可信时间戳、哈希值校验、区块链等证据收集、固定和防篡改的技术手段或者通过电子取证存证平台认证，能够证明其真实性的，互联网法院应当确认。

当事人可以申请具有专门知识的人就电子数据技术问题提出意见。互联网法院可以根据当事人申请或者依职权，委托鉴定电子数据的真实性或者调取其他相关证据进行核对。”

电子证据属于民事诉讼中新增的法定证据种类，与传统的视听资料证据有一定的相似性，但它与现代科技的紧密结合也使其具备自身的独特性。

1）不符合法定形式的电子证据应当排除

例如，《电子签名法》第六条规定了数据电文的保存要求。

“符合下列条件的数据电文，视为满足法律、法规规定的文件保存要求：

（一）能够有效地表现所载内容并可供随时调取查用；

（二）数据电文的格式与其生成、发送或者接收时的格式相同，或者格式不相同但是能够准确表现原来生成、发送或者接收的内容；

（三）能够识别数据电文的发件人、收件人以及发送、接收的时间。”

2）证据的来源形式不合法的电子证据应当排除

证据的来源形式不合法是指证据的取得途径不合法。通过以下几种途径获取的电子证据均为非法证据，应当依法予以排除。

（1）通过暴力、威胁、引诱的方式获取的电子证据。

（2）通过非法窃取的方式获取的电子证据。比如，通过雇佣黑客恶意侵入个人计算机或网络的方式获取的电子证据应当排除。

3）取证程序和取证手段违法的电子证据应当排除

（1）取证程序违法的电子证据应当排除。收集、调取电子证据应当依照法律的规定进行。比如，《最高人民法院关于适用〈中华人民共和国民事诉讼法〉的解释》第九十七条规定：“人民法院调查收集证据，应当由两人以上共同进行。调查材料要由调查人、被调查人、记录人签名、捺印或者盖章。”

（2）取证手段违法的电子证据应当排除。当事人收集、调取电子证据要依法进行，不得通过侵犯他人合法权益的方式获取证据，如通过偷录、偷拍或其他侵犯他人隐私权的方式获取的电子证据应当排除。

3.4 时间戳取证

随着互联网技术的发展，“互联网+证据保全”的电子证据保全模式开始进入司法实践，依托公证机构以外的第三方平台进行电子证据保全，其中以时间戳、区块链等为代表。

3.4.1 时间戳取证的定义及原理

时间戳是指一个能表示一份数据在某个特定时间点之前已经存在、完整且可验证的数据，通常是一个字符序列，可标识某一刻的时间。时间戳是电子数据经过两次哈希计算的结果，由于在第二次哈希计算时连同可信的时间源一起进行计算，因此称其为时间戳。时间戳能够证明一份电子数据在某一时间点既已存在，且未经修改。

电子时间戳是由第三方时间戳服务中心为电子文件出具的一个能证明电子文件内容完整性和加盖时间戳的电子凭证。使用数字签名技术产生的数据，签名的对象包括原件信息、签名参数、签名时间等。根据国际电子时间戳标准规范（RFC3161），时间戳服务的本质是将用户的电子数据的哈希值和可信的时间源绑定，在此基础上通过联合信任时间戳服务中心进行数字签名，产生不可伪造的时间戳文件。

时间戳取证主要基于数字签名技术，将存证数据的哈希值与可信的时间源绑定，产生时间戳文件，以证明存证数据的完整性和产生的时间点。区块链存证的基本原理是借助分布式存储方式，将时间戳文件挂载到区块链上，可视为时间戳取证的升级版本。时间戳取证系一方当事人按照联合信任时间戳服务中心网站的程序自行取证后，将相关取证过程和结果上传到联合信任时间戳服务中心保存，并能够保证自保存开始不被更改。

可见，时间戳取证的基本原理是按照事实发生、证据产生、证据取得等特定的时间点，在可以准确计量的情况下，通过第三方来确认这个特定的时间点，并保存该电子数据，为电子数据的获取和保存提供技术上的保真手段。

1. 时间戳取证的形式、内容及范围

时间戳与其认证的每份电子数据均具有唯一对应性，其中包含电子数据“指

纹”、产生时间、时间戳服务中心信息等，其作用在于通过第三方权威服务机构提供的技术服务来保障和证明各类电子文档、录音录像、照片、软件代码等电子数据的完整性及产生的时间点。

用户可以通过应用程序接口（API）、网页、应用程序、手机移动端等各种方式随时随地对电子数据进行可信时间戳认证，无须上传电子数据内容，为举证的安全性和便利性提供了保障。

时间戳取证可广泛应用于金融、保险、电子商务、电子政务、医疗卫生、电信、电力等众多领域的各种电子单证、电子合同、电子档案、电子证据、电子公文、知识产权保护等方面，用于解决这些领域中各类电子数据的资料原始性和法律效力问题。

2. 时间戳取证的特点及要求

进行数字签名并产生时间戳，可以证明两个问题。

（1）文件在签名时间之前已经存在。

但需要注意的是，时间戳的认证过程虽完整，保证被固定下来的内容不能被篡改，但固定之前的内容，也就是内容来源的真实性，不是时间戳技术能够解决的。

（2）签名之后的文件没有被篡改。

时间戳技术能够可靠地保证文件自最终形成时起，内容保持完整、未被篡改。

相比通过公证取证，时间戳取证具有费用低、自主操作、取证便捷、证据效力高的特点。在不采取公证的情况下，要想达到原件的效果，必须满足《电子签名法》第五条第二项的要求，即“能够可靠地保证自最终形成时起，内容保持完整、未被更改。但是，在数据电文上增加背书以及数据交换、储存和显示过程中发生的形式变化不影响数据电文的完整性”。所以，时间戳取证的证据效力要达到原件的证据效力，需要考虑两个方面的问题。

（1）单方取证的效力。

时间戳属于单方取证形成的电子数据。从技术上需要对取证计算机及操作环境进行安全性和清洁性检查后，对整个取证过程进行全程录像记录，以便在事后追溯取证过程、方法及内容，形成完整的证据链；取证方法不依赖于取证人员，避免了取证过程中可能产生的伪造、篡改证据等问题。在达到以上技术要求的情况下，时间戳生成、存储的方法和保持完整性的方法均较为可靠。

（2）提供时间戳证据保全的第三方平台的主体资质。

目前具有法律效力的时间戳是由中国科学院国家授时中心提供的，具有可信性。

3.4.2 时间戳取证实操

1. 时间戳服务系统取证

在电子商务交易中，原告在进行时间戳取证时，常用采用“外录+录屏”的方式。外录能完整、清晰地记录取证人员的键盘操作等具体操作步骤，从而能清楚地排除“技术作假”的非正常操作行为。如果被告除“作弊可能”类技术反驳证据外未能提交其他证据，则法院对于此类反驳意见一般不予采纳。时间戳服务系统的取证步骤如下。

（1）在联合信任时间戳服务中心网站上注册为用户，并登录该网站的取证系统。

（2）运行计算机中安装的屏幕录像软件进行录像，且同时使用外录设备（摄像机）对整个操作过程进行录像。

（3）对自己所用的取证计算机及操作环境进行清洁性检查，具体步骤如下。

①使用杀毒软件、安全卫士进行杀毒；

②打开任务管理器，查看应用程序与进程；

③打开控制面板，在左侧选择“Internet 选项”，在弹出的“Internet 属性”对话框中删除历史记录；

④在“Internet 属性”对话框中的“连接”选项卡中单击“局域网设置”按钮，以保证没有连接代理；

⑤检查 hosts 文件，以保证取证计算机未经人为篡改系统、未被连接到虚拟网站；

⑥在命令提示符窗口输入 ipconfig/all 命令查看本地计算机 IP 地址，以保证取证计算机接入互联网的真实性；

⑦在命令提示符窗口输入 ping+目标页面域名，以确认目标页面 IP 地址，保证接入网站的真实性；

⑧在命令提示符窗口输入 tracert+目标页面域名，以确认连接到目标页面网络

服务器的路径，保证接入网站的真实性。

（4）固定证据，具体步骤如下。

①查看中国科学院国家授时中心标准时间；

②通过搜索引擎进入待取证网站，查找并截屏保存待取证页面及查看网站 ICP 备案等信息；

③登录联合信任时间戳服务中心网站，为截屏保存的页面压缩包申请时间戳并认证；

④结束录像前，再次查看联合信任时间戳服务中心网站显示的中国科学院国家授时中心标准时间；

⑤录像结束后，为屏幕录像文件（avi 格式）、摄像机录像文件（mts 格式）分别申请时间戳并认证。

经过时间戳服务系统取证步骤形成的证据包括以下几项。

（1）保全的页面截图（压缩包）、对应的可信时间戳认证证书（pdf 格式） 及时间戳证书（tsa 格式）。

（2）屏幕录像文件、对应的可信时间戳认证证书（pdf 格式） 及时间戳证书（tsa 格式）。

（3）摄像机录像文件、对应的可信时间戳认证证书（pdf 格式） 及时间戳证书（tsa 格式）。

每个文件在申请时间戳时自动产生一个唯一对应的数字指纹（哈希值）和 tsa 格式的电子证书。在认证时间戳时，将待认证文件与申请时间戳时形成的 tsa 格式的电子证书进行匹配，如果文件自申请时间戳时起，内容保持完整、未被更改，则可通过认证，反之则无法通过认证。

2. 手机移动端取证

手机移动端取证使用的是由北京联合信任技术服务有限公司开发的权利卫士 App。权利卫士 App 可为手机产生的录音、照片、录像（外录）等电子数据及时向联合信任时间戳服务中心申请可信时间戳认证。经可信时间戳认证的电子数据符合《电子签名法》中关于数据电文原件形式的要求，解决了手机产生的电子数据易被无痕篡改、证据效力不足的问题。该系统只上传哈希值到联合信任时间戳服务中心，不上传任何文件内容到服务器端，绝对保护用户珍贵的隐私信息，可以广泛应用于司法取证、行政执法取证、民事纠纷取证等领域。

权利卫士 App 主要针对线下取证，具体的操作步骤如下。

（1）在手机上下载权利卫士 App，之后注册并缴费。

（2）在权利卫士 App 中根据具体情况进行录音、拍照、录像等操作（注意：这里取得的录音、照片、录像等不同于直接通过手机的相机拍摄而取得的文件，而是等产生后系统立马用时间戳固定下来），生成时间戳证书（tsa 格式，与原文件名一致）。

由于手机移动端不提供可视的 pdf 证书文件，就需要我们登录计算机进行可信时间戳认证证书的下载。接下来将手机上的文件及时间戳证书（tsa 格式，与原文件名一致）导入计算机上。

3.4.3　时间戳取证的司法实践

我国在实践中，法院对于时间戳的认可与采纳已是大势所趋，法院采信的典型案例十分常见。可信时间戳在司法审判中作为关键证据得到认可，经可信时间戳认证的电子证据无须公证和司法鉴定即可得到认定，大幅降低了举证成本，提高了司法审判的效率。但是，由于时间戳取证的局限性，法院在实践中也会根据实际情况进行裁决。

【案例】 咪咕数字传媒有限公司与济南众佳知识产权代理有限公司侵害作品信息网络传播权纠纷案

咪咕数字传媒有限公司（以下简称“咪咕公司”）未经权利人授权，在其经营网站咪咕阅读上有偿向公众提供作品的在线阅读服务，侵害了权利人对其作品享有的信息网络传播权。济南众佳知识产权代理有限公司（以下简称“众佳公司”）通过联合信任时间戳服务中心的互联网电子数据系统，对上述事实进行了证据固定。法院认为，涉案网络页面截图、屏幕录像文件及对应的可信时间戳认证证书等证据可形成证据链，在没有相反证据的情况下，众佳公司以时间戳服务系统固定的涉案网络页面的真实性可以确认。咪咕公司未经权利人许可，以商业经营为目的，通过互联网向公众提供涉案作品，使公众可以在其个人选定的时间和地点获取涉案作品，侵害了众佳公司所享有的信息网络传播权，判决咪咕公司承担赔偿众佳公司经济损失及合理支出的法律责任。

本案详细论证了电子证据取证系统按照统一规范固定的证据，具有事后可追溯性等应予以采信的理由，是丰富权利人取证手段、降低权利人取证难度、降低维权成本的典型案例。

随着区块链等技术的发展，用可信时间戳等第三方电子证据平台的服务对互联网中的电子证据进行取证成为一种选择。如无相反证据，则对按照可信时间戳规范操作流程固定的电子证据的真实性可以确认。同时，充分运用民事诉讼证据规则，合理分配举证责任，有效查明案件事实。

本案判决肯定了符合民事诉讼取证要求的第三方电子证据平台取证的证据效力，不仅丰富了权利人的取证手段，而且通过合理分配举证责任，切实减轻了权利人的举证负担，为司法实践中举证难问题的解决提供了新技术的可行路径。该案的裁判既体现了司法在面对新科技发展成果时的审慎态度，又体现了司法的包容性和发展性。

【案例】深圳市玩家文化传播有限公司诉广州网易计算机系统有限公司侵犯著作权案

2012 年，在广州网易计算机系统有限公司（以下简称“网易公司”）与深圳市玩家文化传播有限公司（以下简称“玩家公司”）著作权侵权纠纷案中，一审原告玩家公司于 2011 年 8 月 11 日为其拍摄的游戏宣传照片的原件和技术处理效果图进行了可信时间戳认证。一审法院经对比与网易公司网页内容一致后认定，玩家公司提交的模特的肖像授权书、摄影师的声明及文件的时间戳证书等证据相互印证，在没有相反证据推翻的情况下，足以证明玩家公司系涉案图片（正片）的作者。网易公司不服，提出上诉，理由有两点。

第一，可信时间戳认证的出具方为联合信任时间戳服务中心，该中心并未取得工商登记及组织机构代码，不具有合法的司法鉴定资格。

第二，玩家公司提交的涉案图片的底片和正片、公证下载的涉案摄影作品上均没有玩家公司的签名，甚至没有任何可证明其身份的有效印记。

二审法院也没有对时间戳的性质做出正面回应，只是说跟其他的证明材料一起形成了完整的证据链，且网易公司没有提出相反证明。此案的进步意义是，法院并没有把时间戳证书当作鉴定意见或认证机构出具的证明。

网易公司的律师提出了时间戳的重要缺陷，即用户在申请时间戳时，并不需要用户的原始信息，而是只对用户的原始信息的哈希值进行时间戳签名。这一方面保证了用户原始信息的保密性和安全性，另一方面在举证时向法院提交的数据材料并不会有任何痕迹。不需要数据原件意味着，任何人拿着任意文档都可以廉价地申请认证，真正的权利人很可能因遭遇举证困难而败诉，因此不能盲目迷信时间戳证书的证明力，仍然需要法官综合判断案件的全部证据。

【案例】参灵草官方微博著作权侵权纠纷案

本案原告为华盖创意（北京）图像技术有限公司（以下简称“华盖公司”），被告为北京微梦创科网络技术有限公司与江中药业股份有限公司。在庭审中，原告向法院提交了经可信时间戳认证的新浪微博网页，用于证明被告未经原告许可在其新浪微博“参灵草官方微博”中使用了三幅原告享有著作权的摄影作品的侵权事实的存在。法院组织双方登录联合信任时间戳服务中心网站，将华盖公司提交的光盘中的相应文件及对应的 tsa 格式文件上传进行了验证，双方对验证过程均不持异议。在庭审中，华盖公司申请专家辅助人出庭，就时间戳取证的流程及作用进行了说明。法院最终对时间戳取证予以采信，认为华盖公司提交的证据已形成证据链，对其主张的事实予以确认，判决被告构成侵权。双方当事人均未上诉，一审判决生效。

该案被评为“北京市法院 2016 年知识产权十大创新性案例”。本案的创新意义在于对这类新型的电子证据保全方式的审查规则进行了探索，对于减轻权利人的维权负担具有重要的现实意义。

【案例】华盖创意（北京）图像技术有限公司诉融信（福建）投资集团有限公司侵犯著作权案

在本案中，原告华盖公司提交了可信时间戳认证证书用以证明被告融信（福建）投资集团有限公司（以下简称“融信公司”）未经许可，在其官方微博上使用了涉案图片。被告融信公司认为：“出具可信时间戳认证证书的是北京联合信任技术服务有限公司，这是民营公司，其证明主体、证据效力带有偏向性。这种证据被采纳的前提是双方当事人认可。可信时间戳目前属于新生事物，并无任何法律确认其具有定案的证据效力。对比公证书可以看出，二者是明显不同的文书。可信时间戳是一种理论上可探讨、实践上应予以完善的证据形式，由于存在不确定性，因此不能作为证据使用。”

法院最终未采纳时间戳证据。一方面，法院认为华盖公司未提供证据证明联合信任时间戳服务中心属于合法且具有资质的机构；另一方面，法院认为华盖公司的取证操作完全是在自身计算机上进行的，只有将文件上传后才使用联合信任时间戳服务中心的相关功能，因此能够证明的只是文件的上传时间，不能证明文件在上传之前是否经过修改。

3.4.4 时间戳取证的证据效力认定局限性

时间戳取证的证据效力认定之局限性问题“谁是原创”，是知识产权纠纷中常见的问题。尤其是计算机软件等数字作品，缺乏物理有形的创作证据，使知识产权保护变得艰难，传统的著作权保护方法受到了新的挑战。时间戳对于证明作品的著作权人有利。我国实行先发表拥有著作权。目前，著作权登记时间漫长，出具证书后，一是影响投入市场使用，二是抄袭作品有可能已经出来了。

那么，怎么证明著作权作品的内容及产生的时间呢？时间戳在一定程度上解决了这个问题。作品产生后可以申请时间戳，打破时间障碍，产生权利凭证，今后发生著作权纠纷时，时间戳就可以作为有力的证据之一。但是，由于法院认定被诉侵权人构成侵权的关键证据均是权利人单方面利用时间戳取得的证据，其证据效力具有局限性，因此被诉侵权人往往会提出要求时间戳证据需要与其他证据相互印证的异议，如果时间戳证据与其他证据相抵触或没能找到可以相互印证的证据，则完全有被推翻的可能。如果法院不能根据被诉侵权人的异议进行回应并充分公开对证据的判断理由和认定结果，则有可能损害判决的说服力和公信力，也不能给今后权利人使用时间戳固定证据提供明确的司法指引。

3.4.5 公证与可信时间戳认证的区别

时间戳是由权威可信的时间戳服务中心签发的一个能证明电子数据在某一时间点已经存在、完整、可验证，且具备法律效力的电子凭证。它主要是为了固定证据，防止证据被篡改，同时可以确定电子文件产生的准确时间。

公证与可信时间戳认证的区别如下。

1）负责机构不同

公证的负责机构是依法设立、不以营利为目的，依法独立行使公证职能、承担民事责任的公证机构。而可信时间戳认证的负责机构则是第三方时间戳服务中心。

2）操作方式不同

公证主要在公证处使用公证机构的计算机和网络接口登录网络进行操作，且每个操作过程都要连续记录。时间戳的申请既可以通过计算机端也可以通过手机端，不需要具备很强的专业背景，会使用计算机或手机的一般用户即可独立完成操作。

3）证据效力不同

经公证的民事法律行为、有法律意义的事实和文书，应当作为认定事实的根据，但有相反证据足以推翻该项公证的除外，由此可以看出电子证据的保全公证具有法定的证据效力。时间戳能够解决证明电子数据在某一时间点真实存在这一问题。只有由国家法定时间源来负责保障时间的授时和守时监测，任何机构包括第三方时间戳服务中心都不能对时间进行修改以保障时间的权威性，这样产生的时间戳才具有证据效力。

4）使用成本不同

在实践中，公证的收费在 2000 元左右。时间戳的申请可利用手机取证软件免费下载、免费注册，电子证据时间戳认证服务费用为 10 元/次，对取得的电子证据进行验证则是免费的。由此可见，电子证据时间戳取证的成本明显低于电子证据保全公证的成本。

3.5　区块链存证

3.5.1　区块链存证的法律效力

区块链存证以区块链的技术方案来保存电子证据，并用于电子商务方案或电子商务纠纷的处理中。

区块链存证想要具备法律效力，需要具有证据的真实性、合法性与关联性，即证据的“三性”。

1）证据的真实性

证据的真实性指证据内容服务于事实的证明，不以人的主观意志为转移，而是以真实、客观的面目出现于客观世界中，且能够为人所认识和理解。电子证据从产生、采集、处理、存储、传递到呈现，再到最终被采信，要求在这一过程中都能证明事实。其中，最核心的要求是电子证据的不可篡改性。

而区块链一般只能保证电子证据在存储以后不被篡改，而不能保证存储以前的电子证据是否被篡改或是否具有真实性。在区块链存证中还附加了时间戳机制，使电子证据（区块）对于事实的证明具有时间属性，为信息形成时间提供可信的证明，对于证据的真实性可以排除人为干涉的可能。“不可篡改”对于以区块链保存的电子证据的效力明显比传统证据更强。

2）证据的合法性

证据的合法性指符合合法定的存在形式，并且获得、提供、审查、保全、认证、质证等证据的适用过程和程序也必须是合乎法律规定的。区块链存证的合法性要求以区块链技术所取得的存证，不能以违反法律规定的窃听、偷拍、胁迫或其他违法方式取得。另外，对于电子证据的保全，区块链技术具有天然的优势。它采用分布式账本技术在网络节点同步进程，无须专门的流程就可以完成电子证据保全工作，即所有参与节点都可以提供完全相同的存证记录。

3）证据的关联性

证据的关联性指证据必须与待证明的事实之间存在逻辑关系。区块链存证需要符合真实性与合法性要求，关联性则在具体案件中进行判断。

对于电子商务而言，事实是因参与人在一定条件下所进行的有意识、有目的的行为而产生的，绝不是因偶然的巧合而产生的。那么，对于这一已经发生的既定事实的证明，可以依据事实产生的步骤，依次取证、设计证据链来完成，即生成、提取、保存一系列的证据（有关联性）。例如，签署一份合同，那么合同的起草、审核、管理、签章、发起等必须由不同的人、在一定条件下才能执行，且只有走完完整的流程，才能确认合同签署这一事实。在这一过程中，可以保存数个环节、数份电子证据以形成强有力的证据链，从而完成对合同签署这一事实的证明。

3.5.2 区块链存证能作为原始证据吗

区块链存证能否作为原始证据，是司法采信中的关键性、原则性问题。

时间戳取证和区块链存证是两个不同性质的阶段。上链前的证据是如何取得的，决定了区块链存证的采信方式。

传统的采信制度建立在传统法律证明和中心化的信任机制之下，而区块链存证不断打破时间和空间的束缚，高度保留了事实的技术证明思路和去中心化的信任机制，属于证据规则的创新。

当以区块链技术取得的电子证据具有原始证据的高证明力时，称之为区块链存证的自证性，即依据自身的取证、存证机构，在不需要第三方中介的情况下，就可以达到证明事实的目的。以“区块链存证自证”为平台构建关于事实的电子证据体系，即取证、存证、证明等成为电子证据的标准模式，是司法适应数字化时代、经济发展从“实”到“虚”的必然趋势。电子证据证明模式从“国家公证”向“技术自证”转变，是司法变革应对数字化时代特点的内在规律。

1）“证据链+国家公证”的传统方法

区块链存证的自证性只在上链后发挥作用，对于上链前的证据证明必须依赖其他技术或方案来实现。也就是说，区块链技术可以保证上链后的证据不被篡改，但不能保证上链前证据的真实性，上链前证据的真实性仍然需要进行人为证明。“证据链+国家公证”实质上还是传统方法，创新性有限。

2）“同步存证+自证”的创新方法

不同于传统的“还原案件事实”的证明思路，区块链技术是一种典型的“技术自证”“技术自治”的思路，主动设计存证时间、存证环节，连续存证，尽量与事实同时发生，依靠与事实的不断进展而“同步存证”。这种“同步存证”的思路与传统的事后取证、事后证明等证据规则存在巨大的区别。

3）区块链存证是原件还是复印件的问题

这一问题对于事实的认定具有重要意义。区块链存证符合原件的标准，虽然其以电子的方式存在，但不同于传统电子证据难以判断原始出处（可篡改）。分布式账本是点对点实时通信技术，不再经过中心服务器及其他不可信任的中心，保证了账本的唯一性，各个节点可以对账本进行实时同步更新，账本上所记录的电子证据都是原件，也可以视为具备“唯一性”，或者可以理解为不存在“复印件”这一现实世界的概念。另外，复式原件是针对文书一式两份、多份的情形，多份都具有相同的法律效力。分布式账本符合复式原件的形式与内涵要求。杭州互联网法院在实践中，已经有将区块链证据视为原件证据的先例，为司法实践提供了全新的思路。

3.5.3 区块链存证系统结构

区块链存证系统分为节点管理层、区块链服务层、应用层三个层级，其中区块链服务层包括关键技术和应用服务两个子层级，如图 3-2 所示。

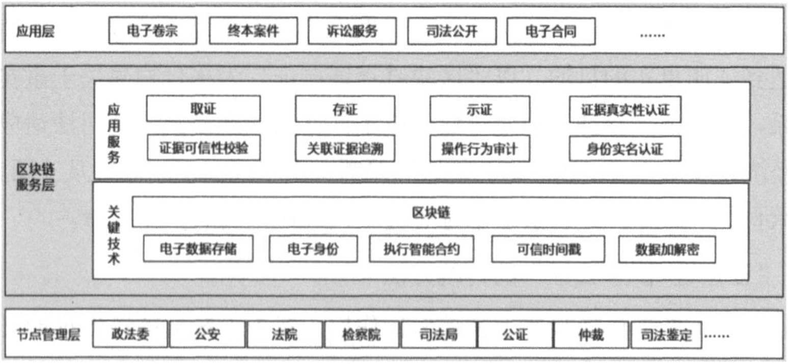

图 3-2 区块链存证系统结构

对图 3-2 的说明如下。

1）节点管理层

节点管理层中的节点及其他用户（非管理层）都可以作为平等的节点参与联盟链，参与方以节点的方式加入区块链网络。司法机构节点、政务机构节点、企业节点、其他组织机构节点等共同参与，组成电子证据存证联盟链。联盟链的组织结构具有可伸缩性，不同参与方可以根据需求加入或退出。参与节点之间通过共识机制共同确保存证载体和存证数据的真实性，通过制定统一适用的证据标准、证据规则、证据审查，从而有效地连接和传递各个节点在不同案件中的身份职能与证据的“三性”要素。

2）区块链服务层

（1）关键技术。关键技术为应用服务部分各模块提供技术支撑。区块链技术包括网络结构、数据结构、共识机制、签名验签等，是系统运行的基础。区块链相关技术包括以下几项。

①电子数据存储：对在区块链上固化的电子数据原文进行安全存储。电子数据存储系统负责与底层存储介质进行交互，实现电子数据的高可用、灾备等能力；同时提供存储安全防护措施，避免电子数据被盗取。

②电子身份：对用户、设备进行区块链认证，登记标识其有效性，同时对用户

的标识（私钥）进行管理。该系统中也包含访问安全功能，是系统安全的重要保证。

③执行智能合约：为系统以智能合约的方式实现复杂业务逻辑提供安全的执行环境。智能合约的执行环境应高效、安全。

④可信时间戳：为系统提供统一时间认证服务。

⑤数据加解密：为系统提供数据加解密服务。该模块应支持国密算法，可支持可插拔的加解密算法。

（2）应用服务：在关键技术提供的支撑之上，针对各种服务模块进行实现和封装。每种服务由一组相关的规范及流程和配套的交互接口构成。服务中的规范及流程主要依据司法行业相关规则和标准制定，以确保电子证据存证系统中保存的电子数据在司法行业应用中的质量和有效性。

3）应用层

通过调用区块链服务层中的应用服务，经过二次开发对接特定的业务场景。

3.5.4　电子商务中的区块链存证

1．电子商务中的区块链存证的特点及应用场景

线上化交易具备瞬时性、虚拟性、高频性等特点，只有采用区块链存证的方式进行证据的收集、获取、保存和保全等，才能维护主体的利益。

区块链存证具有明显的优势。存证的不可更改、成员的相对理性（按事实说话），使已经存入区块的数据自动固化为可信的证据，可进行查验、公证、审计和司法鉴定，属于法律意义上的电子证据，大大降低了存证和取证的成本。当交易关系较为陌生时，这种自动及并行的取证、存证和协同模式，为交易的真实性证明提供了有效的技术方案，极大地解决了传统模式的真实性证明难题，从而显著减少了系统投入，节省了人力成本。

电子商务中的区块链存证的主要应用场景包括以下几个。

1）单方存证

单方存证即电子商务交易中的一方为了自身利益进行存证。例如，为保存、证明自己对数字化文件（文本、图像、音频、视频）等的拥有权，可将相关文件存入区块链存证平台中。

2）双方存证

双方存证即交易的双方都需要保存证据，以保证自身利益。依据交易结构，要求存证数据具有相关性，即双方存证的数据应该能相互印证，且保存在区块链账本中具有不可篡改性，并采用点对点数据加密互换的方式进行数据交易。为安全起见，该类交易应保证数据只有买方和卖方可以解密。

3）多方协作的存证

多方协作的存证即参与电子商务交易的协作主体为数量有限的多个参与方，为证明某些事实，需要按一定的时间顺序或空间顺序对某些证据进行保存，从而形成对事实的证明。

2. 电子商务交易数据区块链存证的合规性

相比电子商务交易数据自有服务器存证，使用第三方存证平台，借助区块链技术的特性对电子商务交易数据进行存证，可确保交易的完整性、合同的有效性及证据链的完整性。

（1）《最高人民法院关于互联网法院审理案件若干问题的规定》第十一条规定："当事人提交的电子数据，通过电子签名、可信时间戳、哈希值校验、区块链等证据收集、固定和防篡改的技术手段或者通过电子取证存证平台认证，能够证明其真实性的，互联网法院应当确认。"

（2）《最高人民法院关于民事诉讼证据的若干规定》第九十四条第二项规定："由记录和保存电子数据的中立第三方平台提供或者确认的"电子数据，人民法院可以确认其真实性，但有足以反驳的相反证据的除外。

关于数据存储与查询，法律规定第三方存证平台有进行数据存证的义务，并对数据保管的安全性和可靠性提出了更高的要求，使第三方存证平台具有的法律效力优势显现。

（1）《中华人民共和国电子商务法》（以下简称《电子商务法》）第三十一条规定："电子商务平台经营者应当记录、保存平台上发布的商品和服务信息、交易信息，并确保信息的完整性、保密性、可用性。商品和服务信息、交易信息保存时间自交易完成之日起不少于三年；法律、行政法规另有规定的，依照其规定。"

《电子商务法》第六十二条规定："在电子商务争议处理中，电子商务经营者应当提供原始合同和交易记录。因电子商务经营者丢失、伪造、篡改、销毁、隐匿或者拒绝提供前述资料，致使人民法院、仲裁机构或者有关机关无法查明事实的，电子商务经营者应当承担相应的法律责任。”

（2）《网络交易监督管理办法》第三十一条规定：“网络交易平台经营者对平台内经营者身份信息的保存时间自其退出平台之日起不少于三年；对商品或者服务信息，支付记录、物流快递、退换货以及售后等交易信息的保存时间自交易完成之日起不少于三年。法律、行政法规另有规定的，依照其规定。”

（3）《第三方电子商务交易平台服务规范》第五条第五款规定：“平台经营者应当妥善保存在平台上发布的交易及服务的全部信息，采取相应的技术手段保证上述资料的完整性、准确性和安全性。站内经营者和交易相对人的身份信息的保存时间自其最后一次登录之日起不少于两年；交易信息保存时间自发生之日起不少于两年。站内经营者有权在保存期限内自助查询、下载或打印自己的交易信息。鼓励第三方交易平台通过独立的数据服务机构对其信息进行异地备份及提供对外查询、下载或打印服务。”

3. 电子商务中的区块链存证的价值

区块链存证属于主动的、防御性的存证，其经济价值主要体现为降低维权成本。

在电子商务纠纷案件中，当事人常常以电子数据的内容经过修改，不具有真实性为由进行抗辩。电子数据未进行第三方存证，会给司法鉴定带来一定的挑战，同时数据被删除、篡改后的恢复取决于具体的数据环境，具有不确定性。电子商务交易数据哈希值低成本上链存证，进行主动防御类存证，可极大地降低维权成本，同时保障平台用户的购物体验。

非互联网法院如何认定电子合同等电子证据？如今，网上交易快速发展并逐渐成熟，在存证、取证、核验等方面显示出独特的作用和优势，促进了电子合同的广泛应用。对于电子合同等新型合约中产生的存证数据，最高人民法院就互联网法院审理该类案件及判定该类证据出台了相应的司法解释。那么，非互联网法院如何认定这些证据呢？

【案例】全国首例非互联网法院涉司法区块链证据的案件

上海普陀区人民法院审理判决了全国首例非互联网法院涉司法区块链证据的案件，并在案件审判过程中依据《最高人民法院关于民事诉讼证据的若干规定》，参考《最高人民法院关于互联网法院审理案件若干问题的规定》的认证方法，对非互联网法院认定区块链证据的规则标准进行了有益探索。

宋某在某小程序通过电子签约的方式签订电视机租赁合同，签约及履约过程中的订单、物流、租金等信息存储于平台系统内，该平台将上述电子数据同步存证于司法区块链中。在合同履行的过程中，宋某未按约支付租金，故租赁平台起诉至法院要求其承担相应的违约责任。在案件审理的过程中，原告提交了协议文本和订单信息、物流信息、支付信息等页面截图证据，以及运用区块链方式存证的合同、订单、租金、物流电子信息，并在庭审过程中就区块链证据进行了核验操作。

法院认定，原告提交的协议文本和订单信息、物流信息、支付信息等页面截图证据，反映了涉案交易的发生过程，能够形成一定的证据优势。但这些证据的内容生成并存储于原告提供的用于涉案交易的平台系统内，为原告单方掌握，因此这些证据的证明力仍存在补强需求。原告提交的运用区块链方式存证的合同、订单、租金、物流电子信息能否作为证据使用，能否起到对原告主张事实的证明作用，成为本案审理的关键。

4．电子商务交易数据上链存证范围

《电子商务法》要求“电子商务平台经营者应当记录、保存平台上发布的商品和服务信息、交易信息”。在实践中，凡是电子文件具有法律效力的场景都可以应用区块链进行存证。电子商务交易数据总体上包括三大类存证数据：电子商务平台页面展示类数据（电子商务平台发布）、用户交易行为记录类数据、电子商务软件平台源代码版本和版权管理类数据。电子商务平台可依据具体应用需求、技术实现操作性、成本预算综合考量存证数据的范畴。

2020 年 11 月 30 日，重庆市市场监督管理局发布《基于区块链的电子商务价值行为认定规范》，规定价值行为按照基础行为、经营行为、浏览互动行为、支付行为四个方面进行分类，可作为电子商务交易数据上链存证范围的借鉴，如表 3-1～表 3-4 所示。

表 3-1　基础行为

价值行为分类	有效价值行为
注册	用户使用唯一识别身份的标识串（手机号码、邮箱等）进行注册
绑定/授权	在登录账号下完成第三方账号绑定；在登录账号下授权获取地理位置等信息
登录程序	登录应用程序
安全验证	在平台上完成短信验证、指纹验证、人脸验证等双因子验证

续表

价值行为分类	有效价值行为
实名认证	在平台上通过实名认证
签到	在平台上完成签到行为
注销	在平台上终止账户使用

表 3-2　经营行为

价值行为分类	有效价值行为
商户入驻	在平台上完善商家简介等基本资料，完成商户资料进件并正式上线；邀请商家在平台上完善商家简介等基本资料，商户资料进件
发布商品	在平台上发布商品的详细信息
营销活动	在平台上发布促销/预售等活动；在平台上设置优惠券/抵扣券/红包等活动
商户退出	商户在平台上终止经营

表 3-3　浏览互动行为

价值行为分类	有效价值行为
内容浏览/点击	在平台上浏览任务指定的商品页面、推广页面、图文、视频、商品广告、第三方广告内容、商品评论，以及其他买家的回复等内容
评价	在平台上进行点赞、打赏、投票等行为
互动交流	回复平台用户的评论、咨询等
添加关注	在平台上将商品或者店铺添加关注、收藏等
发布内容	在平台上发布文字、图片、视频等内容；在平台上发布内容被管理员设置精华、置顶、推荐或删除等
分享内容	分享平台上的商品链接、图文、视频、广告、下载方式或指定页面到网络平台

表 3-4　支付行为

价值行为分类	有效价值行为
支付订单	在平台上进行支付
取消订单	在平台上取消订单
交易退款	在平台上交易退款

3.5.5　电子商务中的区块链存证场景及案例

1．司法

在司法领域，可应用区块链技术将诉讼服务过程中的电子材料、业务数据、用户行为等进行固化，使其防篡改、可验真、可追溯，确保诉讼服务数据的生产、存储、传播和使用全流程安全可信，提升诉讼服务的权威性、专业性和司法公信力。

诉讼当事人将网上立案、网上交费、网上开庭、网上证据交换等诉讼活动的登记信息、电子材料、操作行为全部上链，随时验真、追溯，提升网上电子诉讼服务的公信力和质效。

法院将诉讼服务过程中自动生成的送达地址确认书、庭审笔录、调解协议、送达回证、调查令等电子法律文书通过数字证书进行电子签名，确保数据真实有效，通过数据上链实现数据固化和防篡改，保障电子法律文书的唯一性、真实性和法律效力，为诉讼全流程无纸化网上办理提供有力的安全保障。

随着保险、银行、证券、电子商务等社会组织的数据上链固化，当纠纷产生时，可以构建基于区块链的涉诉单位、法院、鉴定机构等一体化纠纷办案平台，以及信用卡纠纷、金融借款纠纷等特定类型的一体化纠纷化解机制。一体化纠纷办案平台的业务数据、电子合同等产生即固化，线上直接提交给法院，实现全流程记录、全链路可信、全节点见证，快速溯源、采信、利用，实现纠纷精准、专业、一体化快速化解，提升了诉讼服务效率和司法公信力。

2. 著作权保护

1）侵权类存证

侵权类存证场景可以分为两类。

一类是侵权结果状态的存证，即对侵权的网页进行存证，可以证明侵权行为的时间。比如，图片、文字类的侵权。

另一类是侵权行为过程的存证，属于动态的证据固化过程，需要有相关环境镜像系统进行配合，将证明过程通过可视化的方式展示出来，可以证明侵权行为的时间段。比如，视频作品的非法播放。

当发现侵权行为时，快速调用著作权服务中的侵权取证接口，对侵权的网站进行页面抓取取证，并将取证结果保存在账本中；生成可供第三方检测的存证，将侵权行为固化为证据；将固化后的证据保存在区块链中，数据永久存储且不可篡改，符合法律对电子证据的要求。

2）确权类存证

确权类存证场景也可以分为两类。

一类是知识产权权属证明，应用于著作权证明、权利在先证明等，是对作品数据进行保护的行为，类似于著作权备案登记。

另一类是平台公告证明，对发出过公告的行为及公告内容本身进行存证，为相关文件或证据提取哈希值并对时间进行固化。

确权类存证用于证明当事人在某一时刻完成了某内容或进行了某行为，且该时间及内容或行为均不可篡改。

【案例】中国网络作家村正式上链杭州互联网法院司法区块链

2018 年 6 月，中国网络作家村正式上链杭州互联网法院司法区块链，加大对知识产权的保护力度。

中国网络作家村于 2017 年在杭州市滨江区正式落户，目前已经集聚了诸多网络作家。这些网络作家创造了许多传播快、受众广、影响力大的网络文学作品。然而，随之而来的侵权行为也呈现出侵权成本低、侵权手段隐蔽、侵权主体难寻等特点，特别是网络侵权取证难问题，给网络作家的维权造成很大困扰。

区块链确权类存证十分适合用于数字版权保护。维权者可在线上完成从创作到维权所有内容全流程记录、全链路可信、全节点见证，有效解决了作者身份确定难、作品形成时间及内容固定难、侵权取证难等问题。

3.6　互联网法院

3.6.1　互联网法院的定义及优点

互联网法院是法院运用互联网技术搭建诉讼平台，当事人起诉、应诉，以及法院立案、庭审、宣判等诉讼程序全部在网上进行的基层法院。互联网法院设立于物理空间（如杭州、北京、广州）中，案件办理则在虚拟空间中进行，业务模式为“全业务网上办理，全流程在线公开”，具有“大平台、小前端、高智能、重协同”的特点。

智慧法院与互联网法院是不同的概念，但二者存在一定的相关性。智慧法院是各级法院的信息化、网络化、智能化，主要利用云计算、人工智能、大数据等计算机技术；互联网法院是审理涉网纠纷的专门法院，是网络法治时代的智慧法院。互联网法院不等于智慧法院，而是智慧法院的一种。

互联网法院的产生与发展有利于全面建设法治社会，节约司法成本，优化司法体系，提高审判效率。不同于传统法院，互联网法院通过互联网技术让双方当事人进行交流，充分发挥互联网在信息获取和传递方面的优势，有效解决了电子商务纠纷案件审理的效率低、维权成本高问题。

互联网法院的优点如下。

1）互联网法院的高效性、便捷性

以北京互联网法院为例，在 2018 年 9 月 9 日至 2019 年 8 月 31 日中，法院共有法官 35 人，法官助理及书记员 105 人。在团队人数相对不多的条件下，却收案 34 263 件，结案 25 333 件。涉案当事人遍布全国 4 个直辖市、24 个省、5 个自治区，近 200 个城市。涉港澳台案件 10 件，涉外案件 26 件。采用网上立案、网上缴费、网上证据交换、网上调解、网上开庭的方式，共为当事人减少出行里程 2987 万千米，减少 161 吨碳排放量，平均每案节省 800 元。由此可见，互联网法院提高了司法效率，节约了司法成本，提升了司法公信力。

2）电子商务纠纷案件审理的针对性

互联网法院实现诉讼各环节全部在线处理，当事人远程参与庭审，尤其是对于距离遥远，甚至跨境的电子商务纠纷案件审理极为有利。在线审理中，立案、提交证据过程便利，节约了当事人的时间、精力，各地互联网法院审理一个案件的平均时间为 30 分钟，节约了大量的司法资源。

3）存证平台的便利性

为更好地还原电子商务纠纷的事实真相，各地互联网法院多设立电子证据平台，且多采用区块链技术，大幅提高了电子证据的真实性，效率远超人工排查电子证据的方式，是智能司法的重要一环。

3.6.2　互联网法院的审理流程

1. 起诉、应诉流程

互联网法院在诉讼方式上需要严格地按照诉讼法进行，在程序上与传统法院并没有什么实质的区别，涉及起诉、立案、举证、质证、庭审及执行等司法诉讼的主要流程。原告起诉流程和被告应诉流程一览表如表 3-5 与表 3-6 所示。

表 3-5　原告起诉流程一览表

1	2	3	4	5	6
起诉	缴费	证据交互	在线接收送达文书	在线庭审	执行
• 诉讼工具 • 诉讼规程	• 在线缴费 • 电子送达	• 举证 • 质证	• 文书接收 • 电子签名	• 异步审理 • 异步调解 • 智慧庭审	• 执行平台

表 3-6　被告应诉流程一览表

1	2	3	4	5	6
应诉	送达确认	答辩	证据交互	在线庭审	执行
• 诉讼工具 • 诉讼规程	• 送达确认	• 在线答辩	• 举证 • 质证	• 异步审理 • 异步调解 • 智慧庭审	• 执行平台

2. 庭审流程

互联网法院审判庭的设置较传统法院有很大的改变。

（1）审判长、审判员、陪审员的席位不变。

（2）书记员、原告、被告及诉讼代理人的座位移除。

（3）增加投影仪、计算机、麦克风、显示屏等技术设备，旁听席分布在红色界线两边，整个法庭简明但不失庄重、威严。

庭审采用合议制，由审判长、审判员与陪审员组成合议庭；庭审开始之前，技术人员调整、检查设备，保证网络流畅、设备正常、信息安全等；法庭纪律的宣读由电子化播放，审判长进行人员确认、介绍。

互联网法院的庭审流程和传统法院基本相同，法庭笔录根据语音识别技术在庭审过程中同步生成，庭审结束时当事人确认签字后作为参考，最终以录音录像为准。是否同意电子送达裁判文书需要当庭确认，之后是休庭、结束庭审。

在诉讼过程中，参与人只能从屏幕中看到对方，法官可以通过视频看到所有当事人及诉讼代理人，并且通过计算机控制进程，包括当事人的发言或禁言、开庭或休庭。法官控制的页面分为视频人像栏（原告及诉讼代理人、被告及诉讼代理人）、案件审理信息栏（庭前纪律、案件信息、人员信息、语音识别、笔录）、技术操作栏（布局切换、视频模式、声音、共享桌面、虚拟屏幕、网速）。

互联网法院在线诉讼流程图如图 3-3 所示。

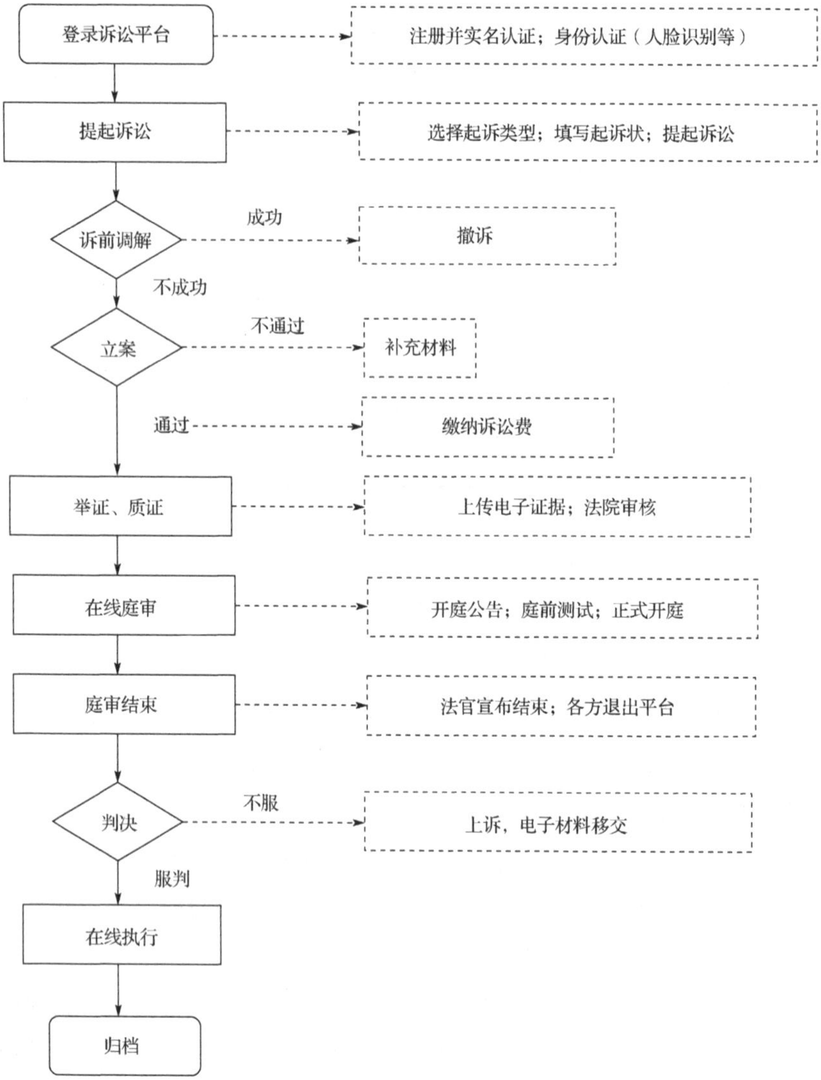

图 3-3　互联网法院在线诉讼流程图

3.6.3　国内首家互联网法院——杭州互联网法院

杭州作为“电子商务之都”“移动支付之城”，是全国涉网案件多发地区。因此，在杭州设立互联网法院最具典型性、代表性。

国内首家互联网法院——杭州互联网法院于 2017 年 8 月正式挂牌成立，并首次以在线视频的方式审理了案件。杭州互联网法院诉讼平台充分利用科学技术手段和互联网的发展水平，将涉网案件起诉、立案、送达、举证、质证、庭前会议、庭审、宣判和执行等一系列诉讼流程全部实现在线化。自 2017 年 8 月至 2018 年 8 月，杭州互联网法院一共受理了 12 074 起涉网案件，审结率高达 86%，庭审平均用时 28 分钟，案件平均审理期限 38 天，较线下法院大大省时。

杭州互联网法院集中管辖所在市的辖区内应当由基层法院受理的特定类型的涉网案件，主要包括：互联网购物、服务合同纠纷；互联网金融借款、小额借款合同纠纷；互联网著作权权属和侵权纠纷；互联网域名纠纷；互联网侵权责任纠纷；团购物产品责任纠纷；检察机关提起的涉网公益诉讼案件；因对互联网进行行政管理引发的行政纠纷；上级人民法院指定管辖的其他互联网民事、行政案件。

杭州互联网法院的送达方式为电子送达、公告送达、电子送达与邮寄送达并行。电子送达为杭州互联网法院所采用的主要送达方式。杭州互联网法院电子送达的媒介多样，如诉讼平台账户及绑定诉讼平台的手机号、电子邮箱、阿里旺旺（千牛）、QQ、微信等。自 2018 年 2 月 9 日试运行以来，杭州互联网法院电子送达平台在两个月内一共送达 4778 次，送达成功率为 88%。

由于杭州互联网法院线上庭审的特殊性，传统民事诉讼中的证据只在少数时候得以应用于审判过程，因此从案件发生至案件结束，伴随着案件生成的电子数据才是案件审判的依据。截至 2019 年 3 月，杭州互联网法院电子证据平台存证多达 2479 万条，其中包括公证和鉴定证据、第三方平台证据、保全和勘验证据、公文和生效裁判证据四类。

3.6.4 基于区块链技术的电子证据平台

1. 电子证据平台设立概况

2017 年，杭州成立我国第一家互联网法院，利用互联网技术将诉讼活动全部转移到线上进行，之后上线我国首个基于区块链技术的电子证据平台。其后，北京互联网法院和广州互联网法院相继成立，分别上线运行电子证据平台“天平链”和“网通法链”。

三家互联网法院对于电子证据平台的接入和使用都出台了各自的管理规范及

技术标准。另外，电子证据平台在吉林省高级人民法院、山东省高级人民法院及郑州市中级人民法院等也都上线。可见，电子证据平台是互联网法院必不可少的重要配置，也是互联网时代智能司法的重要创新。

2018 年 7 月，杭州互联网法院在对一起著作权纠纷案件的判决中，认可了区块链存证的法律效力。这次判决是我国司法领域首次确认区块链存证的法律效力的典型案例，具有里程碑式的意义。

电子证据平台采用联盟链，各个节点由国家机关、政府机构和社会组织参与。

北京互联网法院“天平链”的区块链一级节点有 13 个，包括北京市高级人民法院、公证处、司法鉴定机构等。它们参与天平链的共识机制，并对数据进行校验和记录。二级节点有 7 个，主要是百度、京东等社会组织。它们只提供技术支持，不参与天平链的共识机制，只进行数据的校验和记录。

杭州互联网法院电子证据平台中的“司法区块链”与“天平链”相似，包括公证处、司法鉴定中心、CA、法院等关键节点，社会组织作为接入用户。“司法区块链”分为三种——版权链、合同链、金融链，分别由不同的社会组织提供技术支持，用户可以根据自身需求选择将数据上链。

2. 电子证据平台的主要功能

电子证据平台是法院为当事人的电子证据认定和互联网法院的审判而建立的专属数据通道，保证了电子证据及其数据哈希值在法院系统平台中安全传输和存储，有效解决了由于电子证据的易被删除、易被篡改、不留痕等特点导致的取证难、存证难、认证难问题，为法院依法判定电子证据提供了便利条件。

电子证据平台的主要功能如下。

1）证据保全功能

电子证据平台利用可信时间戳认证及区块链技术，将电子证据通过区块链分布式存储，保证电子证据不被篡改，并且证据之间具有关联性、可追溯性，有利于解决当事人取证难、存证难、认证难的问题。当事人预先对自有的电子证据进行存储，确定电子证据的权属、内容、数据信息、产生时间等基本属性，并在起诉后提交电子证据，法官可依此便利地调取被保全的电子证据。

2）在线取证功能

当事人在交易或其他环节发现在线产品或作品的侵权行为时，可通过电子证据平台进行在线取证，有效避免电子证据灭失和后期被篡改的风险。在线取证包括对静态网页、视频网页、直播网页、动态图片网页等内容进行固化取证，固化侵权电子证据的内容、数据信息和产生时间等属性。在线取证可对互联网侵权犯罪行为产生极大的震慑力。

3）智能合约功能

电子证据平台可对电子合同、电子协议等文件通过当事人双方或其他利益相关方（多方）进行有效的电子签名，达到《电子签名法》的技术标准并受该法的保护，使电子文件具备防篡改及证实签署身份的特性，从而使电子文件拥有和纸质文件同等的法律效力。在当事人因合约引起纠纷时，法官可依据智能合约方便地调取合约证据，核验文件签署的有效性。

4）证据核验功能

当事人通过证据核验功能可进行四个方面的核验：一是依据证据哈希值（数字指纹）与平台的数据原文进行比对；二是通过区块链电子数据摘要进行比对；三是通过可信时间凭证确定电子证据原文提交平台的准确时间；四是对使用电子签名的文件签名及签章信息进行确认。核验结果为司法认定提供了参考。

3．全流程证据同步上链

杭州互联网法院 2020 年 1 月公布一起网络购物合同纠纷案，这是电子商务领域首例交易过程全流程上链的诉讼案件。被告通过电子商务平台向原告租用手机，双方签订合同，争议发生后，原告请求被告依据合同履行相关义务。该案件的特殊意义在于，该电子商务平台为杭州互联网法院司法区块链接入用户，通过该电子商务平台进行的所有交易行为全部自动上传至司法区块链进行存证，真正做到交易全流程记录、全链路可信、全节点见证。

在处理纠纷时，互联网法院通过区块链存证数据能直接认定该交易中电子证据的真实性、有效性，同时审查其他相关联的证据，依据证据链对事实做出更为快速的认定，从而简化诉讼流程，更加高效合理地解决纠纷。

具体存证流程如下。

（1）接入用户（如电子商务平台）在该电子证据平台进行注册和实名认证，由平台审核身份信息。

（2）产生与用户有关的电子数据，这些数据和用户的身份信息通过加密算法生成对应的哈希值。

（3）由可信时间戳服务机构进行数字签名，生成可信时间戳，记录电子数据的生成时间。

（4）通过自动信息系统接入司法区块链，生成最终的数据哈希值。

电子数据上链完成后，最终的数据区块（包括区块高度、电子数据的哈希值、最终生成时间等）会公布在网站上。电子数据产生的同时便被转换为哈希值，被记录在司法区块链中，该哈希值是电子数据的数字指纹，具有唯一性，这是区块链技术最大的技术优势。

3.6.5 互联网法院典型审判案例

【案例】我国区块链存证第一案

2018 年 6 月 28 日，全国首例区块链存证案在杭州互联网法院一审宣判，法院支持了原告采用区块链作为存证方式并认定了对应的侵权事实。法院在判决中采取区块链存证的证据并予以直接确认，这是区块链技术在我国司法层面的首次正式应用（审判），对于司法创新和区块链技术应用两大领域都具有里程碑式的意义。

2017 年 7 月，杭州某公司发现深圳某公司未经授权在网站上转载了其作品，认为后者侵害了其信息网络传播权，因此向杭州互联网法院起诉。原告借助“保全网”平台对被告的侵权网页进行取证，采用区块链存证方式。杭州互联网法院认定，保全网作为第三方电子存证平台具有中立性，对侵权网页进行取证的技术具有可信度，由此生成的电子数据具有真实性、完整性与不可篡改性。审判的结果是法院认定被告公司侵权。此案的判决书也进一步肯定了区块链技术的应用方向，摘取其中重要内容如下。

保全网将网页截图、源代码和调用信息打包压缩计算出 SHA256 值后上传至 FACTOM 区块链、比特币区块链中以保证电子数据未被修改。要审查该种保持内容完整性方法的可靠性，应当首先对区块链技术予以分析判断。

区块链作为一种去中心化的数据库，是一串使用密码学方法相关联产生的数据块，每一个数据块中包含了一次网络交易的信息，用于验证其信息的有效性（防伪）和生成下一个区块。具体来说，区块链网络是由多个机构或公司服务器作为节点所构成的网络，该网络上某节点会对一个时间段内所产生的数据打包形成第一个块，然后将该块同步到整个区块链网络。网络上的其他节点对接收到的块进行验证，验证通过后加到本地服务器。之后，某节点会将新产生的数据及本地服务器内已有块的信息放在一起打包形成第二个块，其他节点接收该块并验证通过后，将第二个块加到本地服务器，第一个块与第二个块相连，之后的网络内部的数据均经上述相同方式打包成块，块与块首尾相连形成链，该链即区块链。若需要修改块内数据，则需要修改此区块之后所有区块的内容，并将区块链网络所有机构和公司备份的数据进行修改。因此，区块链有难以篡改、删除的特点，在确认诉争电子数据已保存至区块链后，其作为一种保持内容完整性的方法具有可靠性。本案中，为确认电子数据确已上传至区块链，本院将从电子数据是否真实上传和上传的电子数据是否系诉争的电子数据两方面进行审查。

1. 审查电子数据是否真实上传

判断涉案电子数据是否真实上传，可根据华泰一媒公司提供的交易哈希值，在FACTOM区块链中进行搜索，以查看该条交易哈希存放的内容以及生成的时间。根据华泰一媒公司提交的区块高度，在该区块高度中可查询到前述交易哈希中存放的内容存入该区块高度中以及该条内容上传的时间，且上传的时间和使用puppeteer与curl自动获取网页截图和源代码的调用日志中显示的时间具有合理性，区块高度生成时间符合调用日志生成时间和FACTOM打包规则二者间的时间逻辑。

根据该区块高度锚定到比特币区块链的交易哈希值，在比特币区块链中查询到该区块节点中包含的内容和FACTOM中存放的内容hash值一致，故本院确认保全网已将电子数据上传至FACTOM区块链和比特币区块链中。

2. 审查是否为诉争的电子数据

将在保全网中下载的网页截图、源代码和调用信息打包压缩文件进行hash值计算，经比对，该数值与华泰一媒公司所提交的进行区块链保存的电子数据hash值一致，故可确认涉案电子数据已经上传至FACTOM区块链和比特币区块链中，且从上链至今保存完整、未被修改。

综上，本院认为，对于采用区块链等技术手段进行存证固定的电子数据，应秉承开放、中立的态度进行个案分析认定。既不能因为区块链等技术本身属于当前新型复杂技术手段而排斥或者提高其认定标准，也不能因为该技术具有难以篡改、删除的特点而降低其认定标准，而应根据电子数据的相关法律规定综合判断其证据效力；其中应重点审核电子数据来源和内容的完整性、技术手段的安全性、方法的可靠性、形成的合法性，以及与其他证据相互印证的关联度，并由此认定证据效力。

【案例】广州供应链金融纠纷在线多元化解平台上线

2021 年 1 月 22 日，广州供应链金融纠纷在线多元化解平台上线。该平台接入广州互联网法院数字金融协同共治平台及广州仲裁委员会网络仲裁，可全流程线上化操作，并实现类案批量化解，司法处置时间最快缩短至 20 天，有效降低服务成本、提升服务能力与效率。

近年来，为促进产业转型升级、经济高质量发展，广州金融发展服务中心建设成为推动供应链金融创新发展的地方综合性服务平台，并依托其研究搭建广州供应链金融纠纷在线多元化解平台，整合线上纠纷处理和不良资产处置渠道，贯穿供应链金融纠纷解决的全过程，创新实现了多元系统与渠道的嵌套和对接，为供应链金融服务提供一站式的解决方案。

为推动广州供应链金融健康发展，解决缺乏配套系统管理、司法处置周期长见效慢、电子证据可信度不高、线下纠纷案件执行难等行业痛点，探讨供应链金融纠纷在线多元化解的新思路、新模式，针对供应链金融纠纷线上化、金额小、主体分散等特点，广州金融发展服务中心联合广州金融科技股份有限公司、广州金融资产交易中心共同打造广州供应链金融纠纷在线多元化解平台，主要面向金融机构、类金融机构，以及供应链金融平台、产业互联网平台等拟开展线上供应链金融业务的平台，具有一站式、多元化、线上化、批量化、高效率等优势，为供应链金融业务的健康发展保驾护航。

【案例】全国首家跨境贸易法庭全流程在线审理第一案

2020 年 7 月 15 日，杭州互联网法院跨境贸易法庭成立，这是全国首个依法集中审理跨境数字贸易纠纷案件的人民法庭。该法庭全流程在线审理第一案——新加坡用户起诉网购平台浙江天猫网络有限公司网络服务合同纠纷一案，在线观看人数达 800 万人次。

原告称，2019 年 5 月 18 日，其在天猫自营的网店内购买了一台笔记本电脑。收货当天，第一次开机使用中发现其非全新机，且没有按照双方约定安装终身正版 Office2016 软件，仅提供按年激活的 Office365 服务。原告认为天猫作为自营方构成虚假宣传，涉嫌欺诈消费者。同时，网络交易平台的运营者，在原告反映软件问题后不能提供合适的解决方案，在原告发起退款申请后又未在承诺时间内回复，也需承担相应责任。故请求被告天猫退还货款 3300 元，并支付三倍赔偿金 9900 元。

被告认为，涉案商品的销售者为案外某公司，被告仅系平台网络服务提供商，并非涉案商品销售者，未实施销售行为。被告作为电子商务平台，已经根据约定全面、完整地履行了网络服务，对原告发起的前两次退货退款申请均已判定支持，因原告未退货导致退款通道关闭，不存在原告所说的处理错误，也不存在明知销售者有欺诈行为而未采取措施的情形。关于原告提出开机后发现非全新机的理由，被告通过向联想、微软官方客服等多方渠道核实，均系正常情形。涉案商品已经预装 Office 2016 软件，激活后即会正确显示，且可以一直使用。原告并未有效举证证明涉案商品为非全新机，相关经营行为不存在欺诈。

法院经审理认为，本案的争议焦点为：原、被告之间是否存在网络购物合同的法律关系，被告应否承担销售者责任；涉案经营行为是否存在欺诈；被告在履行网络服务合同时是否存在违约；被告的法律责任应如何确定。

对此，原告认为，被告对销售涉案商品的店铺进行“天猫官方自营”标注，使一般消费者对商品来源于天猫产生信赖，被告就是销售者，应承担销售者责任。纠纷产生后，被告作为平台方，未考虑原告海外消费者的身份，未就软件使用问题提供解决措施，亦应承担平台责任。预装软件是商品的重要组成部分，消费者已经付出对价，销售者和平台应充分考虑海外消费者当地的使用环境习惯及法律法规，提供符合约定的商品或解决方案。故被告无论是作为销售者还是作为平台，均应承担与承诺不符的赔偿责任。

被告认为，原、被告之间不存在网络购物合同，销售者为案外某公司，被告不应承担销售者责任。涉案软件需要激活后才能正常使用，激活提示与试用期长短无关，激活后可终身免费使用。涉案商品的生产日期可以证明不可能存在销售者在当时使用或销售给他人使用的情况。文件夹是厂家测试及原告点击解包后留下的，并非由销售者产生。综上，涉案经营行为不存在欺诈。被告作为网络服务提供商已全面、完整地履行了义务，但考虑到消费者感受，且案外公司系同集团旗下的子公司，被告愿意与原告协商解决，并加强消费者的消费体验。

【案例】全国首例司法区块链智能合约技术在电子商务纠纷中的司法应用

2019 年 12 月 19 日，杭州互联网法院在线宣判司法区块链智能合约技术应用于民事诉讼审判程序的全国首例案件，这是电子商务领域首例交易全流程上链存证的诉讼案件。

被告通过经营电子产品租赁的电子商务平台向原告租用手机一部，双方签订

《用户租赁及服务协议》，约定了产品的价值、租金等，以及如果被告拖欠租金，原告有权单方面宣布租赁物由租转售。后被告仅支付了首期租金。原告向被告发出的通知到期后，双方法律关系由租赁合同关系变为买卖合同关系。因此，原告要求被告支付买卖价款及逾期付款违约金。

法院经审理认为，原、被告通过平台签订的《用户租赁及服务协议》，系双方当事人的真实意思表示，内容未违反法律、行政法规的强制性规定，合法有效。原告依约向被告交付租赁物，被告应依约履行支付租金的义务。被告仅支付首期租金，根据合同约定，原告有权宣布租期提前到期及产品由租转售，被告应当继续履行支付货款购买产品并支付违约金的义务。

本案的审理要点在于智能合约全生命周期上链存证的司法认定。《最高人民法院关于互联网法院审理案件若干问题的规定》第十一条规定："当事人提交的电子数据，通过电子签名、可信时间戳、哈希值校验、区块链等证据收集、固定和防篡改的技术手段或者通过电子取证存证平台认证，能够证明其真实性的，互联网法院应当确认。"

在本案中，平台使用的自动信息系统接入了杭州互联网法院司法区块链，双方当事人在线下单、签订合同、交付标的、逾期支付租金、发送通知等行为均自动在司法区块链中进行了存证，确保了电子数据全流程记录、全链路可信、全节点见证的可靠性。原告提交了上述相关证据及司法区块链存证哈希值作为证据，法院在确认哈希值验算一致且与其他证据能够相互印证的前提下，认定该电子数据可以作为本案事实认定的依据。

以区块链为底层技术的司法区块链智能合约，在解决了电子数据可信流转的基础上，为双方当事人、法院和其他商业活动参与方构建起一种高效的互信协作机制。以本案为例，交易双方要约、承诺、签约、履约、违约、催告等行为通过智能合约系统实时记录在司法区块链上，实现了交易链路全流程自动存证和执行。一旦一方的违约程度达到了程序预设的标准，智能合约系统就会自动转入纠纷解决的司法流程，实现了无人工干预、无外部因素干扰。

司法区块链智能合约与法院的诉前多元调解流程对接，通过标杆案例的示范效应使大量潜在纠纷化解于诉讼之前，为"诉源治理"提供助力；基于司法区块链智能合约构建的信用惩戒系统，有助于实现跨行业、跨区域、跨平台的多方协同与数据共享，构建和倡导网络空间的诚信价值观，有力推进社会诚信体系建设。

第 4 章

电子商务协同应用

4.1 电子商务协同应用概述

协同是团队或利益相关者之间，为了达成某一目的而进行协作，如工作流管理、沟通、项目管理等，体现为办公、业务、决策的一体化过程。而电子商务的交易过程体现出极强的目的性，需要众多的个体、机构和企业进行协作，才能达成高效、低成本的交易，这就是电子商务协同。

电子商务的交易过程涉及多个业务环节、多个不同的主体（机构或个人），体现为以协同商务、线上化的方式将多个业务环节串联起来，实现流程自动化、信息共享化，以节省成本、提高效率、创造最大的商业价值。所以，电子商务协同不仅包括机构内部的协同，还需要建立平台，将客户、供应商、代理分销商和其他合作伙伴也纳入平台中，实现信息的高效共享和业务的一系列串联。

电子商务协同涉及信息安全、可信数据、信用创新等一系列问题，是电子商务发展的新阶段。本章将对电子商务中数个重要的协同场景进行分析。

4.2 区块链溯源协同

4.2.1 溯源技术发展的背景

1．品质和安全溯源的必要性

在电子商务交易中，食品、药品等是居民消费的主要品类。一方面，食品安全、药品安全的关系重大。近年来，国内各种食品安全事件频发，早期的毒奶粉、毒大米、农药残留、瘦肉精、地沟油等对消费者的信任打击极大，甚至一度使消费者对国内食品产生严重的信任危机。另一方面，人们对商品品质要求的不断提升，使对商品品质的知情权成为消费的核心问题。但在现实中，受利益的驱使，假冒伪劣商品的影响面极广、市场规模较大。

所以，由中间服务商、电子商务平台、国家质量监管相关机构等构建商品从源头到消费者手中的全链追溯机制，确保商品的安全性、信息的透明性、信息查询的便捷性等，是溯源技术不断发展和得到大范围应用的内在动力。如何为消费者提供真实、可靠、可信、便捷的溯源机制，是电子商务平台采用新技术解决问题的治理手段，也是电子商务平台提升竞争力的一大重要策略。

2. 品质和安全溯源的重要性

企业参与市场竞争的基本策略是商品质量的竞争。而商品品质和安全两大特性，是构成商品质量的关键，所以溯源技术是企业进行商品质量竞争，即进行市场竞争的重要技术。对于电子商务平台及经营商家而言，市场竞争与溯源技术的应用关系密切，如何以高质量的商品来进行市场竞争，是电子商务平台及经营商家从市场中胜出的关键策略之一。相比价格竞争，溯源机制是一种差异化的竞争策略，理由如下。

1）提升品牌形象和商品竞争力

溯源机制提供全面表达、充分证明商品品质的信息，有利于直接提升品牌形象和商品竞争力。例如，在食材消费中，消费者特别看重的因素包括原产地信息、地理标志产品、天然饲喂、科学种植、冷链运输等。在商品从源头到运输的过程中，能让消费者获得真实、形象、实时的精准信息，是形成其信心和购买决策的关键。对于进口商品，可从货源地、出口商、海关等方面形成完整的信息链，确保进口商品品质的真实性。

2）有利于电子商务企业的运营管理和降本增效

从供应链的角度看，电子商务企业存在进货计划、销售预测、库存管理、渠道管理、定价策略等多个环节的信息需求，其对信息的要求是准确、及时、真实、全面。而溯源机制可以对供应链的上下游节点进行全面的管理和协调，使电子商务企业掌握生产、加工、仓储、物流、零售等全流程的精准数据，对于加强渠道管控、对市场形成敏捷反应、有效控制成本等极为重要。但在传统的中心化溯源系统中，由于参与各方都有权对数据进行修改，所以为使自身的利益最大化，上游企业、下游企业都有可能对数据进行适当的修改，且这一修改行为又难以证明和追查，使溯源数据的可用性大为降低。在这种情况下，电子商务企业对于商品品质的控制变得十分模糊，在难以定位责任者的情况下，甚至无法召回不合格商品，使消费者的合法权益难以得到有效保障。

3）溯源体现国家法治精神

法治是所有市场行为不可触碰的底线，对于企业行为的约束和监督是形成市场信用的基本保证。《中华人民共和国食品安全法》第四十二条明确规定："国家建立食品安全全程追溯制度。食品生产经营者应当依照本法的规定，建立食品安全追溯体系，保证食品可追溯。国家鼓励食品生产经营者采用信息化手段采集、留存生产经营信息，建立食品安全追溯体系。"所以，这就要求众多行业，特别是电子商务平台必须构建完善的溯源机制。

3. 传统溯源问题

"欧洲疯牛病事件"使食品溯源得到全世界的重视。1997 年，法国等部分欧盟国家为应对这一严重的事件，提出食品安全管理体系，这是食品溯源系统的雏形。溯源技术最关键、最基础的射频识别（RFID）技术诞生于 20 世纪 80 年代初期，随着应用成本的不断降低，RFID 技术得到快速普及。RFID 技术具有信息容量大、非接触识别、标识唯一性、防伪等优点。将区块链技术应用到溯源系统中，对于实现信息的安全与保真功能，以及推动溯源的应用发展具有里程碑式的意义。传统溯源系统如图 4-1 所示。

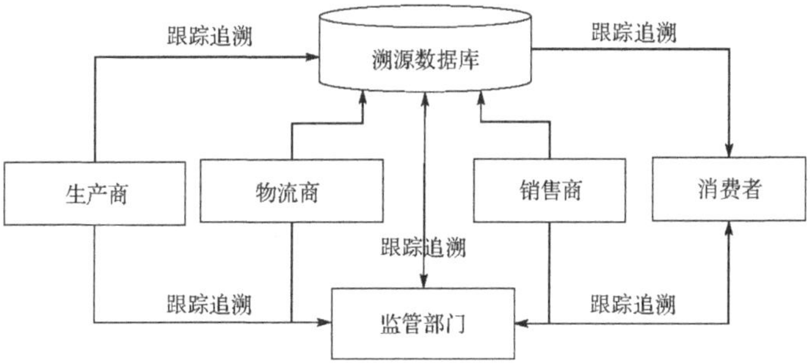

图 4-1　传统溯源系统

传统溯源系统采用中心化存储和中心化记账方式。在商品流通过程中，生产商、物流商、销售商都将各自的数据独立上传；消费者在查询相关商品的信息时，需要向系统发起查询申请；监管部门在行使质量查验职能时也需要向溯源数据库获取数据。上述过程存在以下不足。

1）数据安全问题

各自独立上传数据，既无法保证数据在上传之前的真实性，也无法保证数据在上传到溯源数据库之后的安全性（被篡改或被删除等）。溯源数据库是中心化存储和管理模式，集中一家或少数机构对溯源数据库进行操作，其他利益相关者则难以参与和见证数据的采集、保存或修改等行为。掌握记账权的机构在利益的驱使下，很有可能利用这一权利寻求自身利益的最大化。其做法是篡改账本，或者修改数据使其有利于记账者，而不利于其他参与企业。

当账本信息对其不利时，记账者可能选择篡改账本或隐藏真实的账本信息，使溯源流程失效。采用中心化存储和中心化记账方式，参与人各自为政，形成所谓的“信息孤岛”。各个参与人自我维护一份账本，其真实性根本无法得到保证和监督，商家甚至可以随心所欲地对账本进行篡改或事后编造。

2）参与企业众多，责任主体难以确定

由于传统溯源系统采用分段式监管，节点之间存在“信息孤岛”现象。当商品出现问题时，不能准确地知道商品在各个节点的状态信息，无法快速确定责任主体，不利于政府联动监管，导致政府响应速度慢，造成整个溯源系统效率低下，缺乏联动性、协同性。此外，溯源及监管采用分段的模式，消费者很难维权，存在追溯流程烦琐、费时费力的不足。即便在质量事故发生之后启动大规模的溯源式查处，但对于质量事故仍无法起到事先预防的作用。

3）传统溯源系统的数据获取和共享能力不足

传统溯源系统是按地区或监管部门的管辖范围或权力结构而建立的。由于权力分散化，缺乏整体规划，各个溯源系统处于相互独立的状态，每个系统都根据自身的需求自建数据库，导致溯源链割裂、数据不能互通，或者因系统之间的接口问题，节点之间的溯源数据难以获取和共享。另外，由于缺乏相应的激励措施，企业主体主动参与追溯的意愿不强，增加了数据采集的难度。

4）传统溯源系统的管理难度大、效率低

我国地域辽阔，传统溯源系统覆盖城乡，包括各级监管部门、生产商、物流商、一级采购商、二级采购商等，整个系统的构建极其复杂，其管理分为技术管理和系统管理。技术管理主要包括各种标志、数据存储、数据采集和传输等，系统管理主要包括由各级监管部门发布的法规和制度，工作量大、内容复杂，人工监督和管理无法有效地追溯到源头。另外，整个系统并不是完全的数字化管理，有些环节的数据依然需要人工输入，导致整个系统的追溯效率低，无法做到快速响应。

4.2.2　区块链溯源原理

商品溯源是多技术组合、全链参与、监管机构监管下的综合性行为。除基本的信息化外，区块链溯源集物联网技术、防伪技术、溯源技术为一体，以 RFID、二维码等数据采集和传输技术为核心，为查询、追责、管理等溯源行为提供了凭证，形成与实物链及处理流程相对应的电子证据链，从而实现全链对于溯源操作的协同。

防止溯源数据被篡改是区块链溯源的本质特点。溯源数据的质量，即溯源数据的真实性是溯源有效性的基础。区块链保证了高质量的真实数据进入系统后不可篡改，以“信息保真”来克服传统中心化记账中的任意篡改行为。

溯源是区块链技术最先落地的一批应用场景之一。传统的溯源方法普遍存在中心化模式、“信息孤岛”等诸多问题，对供应链上下游节点之间利益冲突的治理能力不足。溯源涉及商品生产、加工、仓储、物流、零售等环节的追踪记录，需要上下游节点的广泛参与。电子商务平台溯源要求生产商、渠道商、销售商、物流商、售后服务商、第三方检测机构，以及对应的监管部门积极参与，建立高效、互信、安全的追溯信息管理体系和数据应用体系，这主要以联盟链的方式来实现。

建立溯源系统的难点、痛点，是源头数据的真实性和追溯业务的可持续性。只有结合物联网、大数据、云计算等多种信息技术保证追溯数据采集、传递合规，实现安全存储和传播、连续采集和持续监控，才能形成溯源系统的真实价值，为后续的供应链金融、大数据管理、客户定制、营销与口碑传播等创造更大的用户价值。

区块链技术对数据的保真特性所形成的证据，对参与商家形成极大的责任约束，有利于消费者建立对商品品质的信任，成为商业竞争的重要策略。可信数据是区块链技术建立溯源系统的基础。

以区块链的分布式账本技术为核心所形成的溯源账本，其特点包括以下几个方面。

1）确保记录数据不可篡改

生产商、渠道商、销售商、物流商、售后服务商、第三方检测机构及监管部门等参与主体作为节点，借助物联网技术提升赋码与数据采集效率，将全链的生产、加工、仓储、物流、零售等关键数据存储在区块链中。数据上链后会自动同步到各个节点中，任何节点都无法篡改数据，保障了源头数据的真实性。其中，数据采集环节采用 RFID、二维码等多种物联网标识，实现基础环节的防伪、验证。

2）助力监管部门的有效监管

监管部门可以作为其中一个节点加入整个网络中在线参与，实现数据监管的实时性，快速定位问题来源，快速部署责任、追查方案。

3）全链数据透明、共享

全链数据通过分布式账本进行维护，数据更加透明，各方共同监督、平等参与，在数据共享上没有任何特殊性和修改权利。所有企业可及时了解供应链的整体状态，便于全链在整体上快速响应、快速决策；消费者可便利地查询全流程的数据及可视化的证据，有助于建立对商品品质的信任，提升购买欲望。

4）提升供应链整体效率

信息是决策的前提，全流程、一致的账本信息使全链在进行记录、查询、传递、查验等业务时高度协同，解决了“信息孤岛”问题，提升了供应链整体效率。

4.2.3 区块链溯源案例

区块链技术在农产品溯源中得到大量、广泛的应用。在传统农业中，产业链非常长，从种植到销售包括很多环节，交易链多达十几个交易节点。每两个节点之间进行交易，双方互为交易对手，由于双方都以自身的利益最大化为交易的根本目的，所以节点之间难以形成信任关系，交易链甚至整个市场是割裂的、无序的。农业产业链缺少信用的保证，体现为消费者难以买到真正放心的高品质农产品，造成农产品市场特别是高端的农产品市场难以规模化。

【案例】智链在三江平原的应用

善粮味道大米的产地位于东北黑土地，采用高度自动化的大农场生产，灌溉的是未经污染的山泉水，所有大米均为当季的未脱壳大米，根据订单七天内完成脱壳加工，十天内实现邮寄发货。每袋善粮味道大米都是当季新米，都拥有自己的专属“身份证”，一袋一码，扫码即可查看大米的成长加工全过程，包括各个环节的时间节点、原产地等，确保每袋善粮味道大米的健康与安全。

善粮味道是中南建设联合北大荒集团成立的农业区块链技术平台公司，其采用大规模集约化的土地资源和高度组织化的管理模式，建立了“交易平台+生产基地+农户”管理模式的封闭自治农业组织。它将区块链技术应用于农产品的生产、检测、流通、销售全流程，结合物联网、大数据等技术，实现追踪溯源与品质保障，覆盖种植生产全过程的运营管理体系，采用以物联网及人工智能为基础的智能终端，实现作业全流程数字化、信息化、管理智能化，为消费者提供优质的生产服务。

1）案例概况

农产品的供应流程可分为产前、产中和产后。产前又划分为两大模块：土地和生产资料、工具的采购（肥料、种子、农药、机械等）。产中方面，此地主要依靠劳动工人的标准化控制，由种植工人根据农时进行作业。产后包括收割、运输、仓储、包装等。

三江平原在我国农业种植生产领域内具有独特的地位，其组织化程度与机械化生产水平较高、生产规模较大，具有现代化大农业的基础，是实施区块链溯源的极佳产业场景。区块链技术在“区块链大农场”项目上的三个价值层面如下。

（1）技术层面：通过区块链技术为农业商业化平台提供良好的技术基础，保障数据的真实性、可追溯，是溯源系统的基本功能。

（2）协作层面：智能合约可解决农业产业链中的信任问题，提升交易效率，解决两个交易节点之间的信任问题。

（3）生态层面：打造多中心、按劳分配、价值共享、利益公平分配的放心粮自治价值农业体系。

农业产业链上的交易对手互相不信任，但各参与方以获得利益为共识，从而达成为市场供给放心粮的共识，形成真正传递信任的体系和平台，进而形成“良币清洗劣币”的生态，最终达到提升农户收入、使消费者获得放心粮的目的。

2）解决方案

本案例基于区块链技术的农产品全生命周期数字化解决方案如下。

此方案的核心为基于区块链技术的农产品溯源模型，以此模型为基础构建溯源系统，完整呈现农产品流转信息。农产品溯源模型将参与方设定为生产商、物流商、采购商、零售商、消费者、监管部门六大节点（见图 4-2）。各个节点之间依靠 P2P 机制实现数据的实时流转、存储，在验证交易真实的前提下实现数据的有效跟踪和追溯。

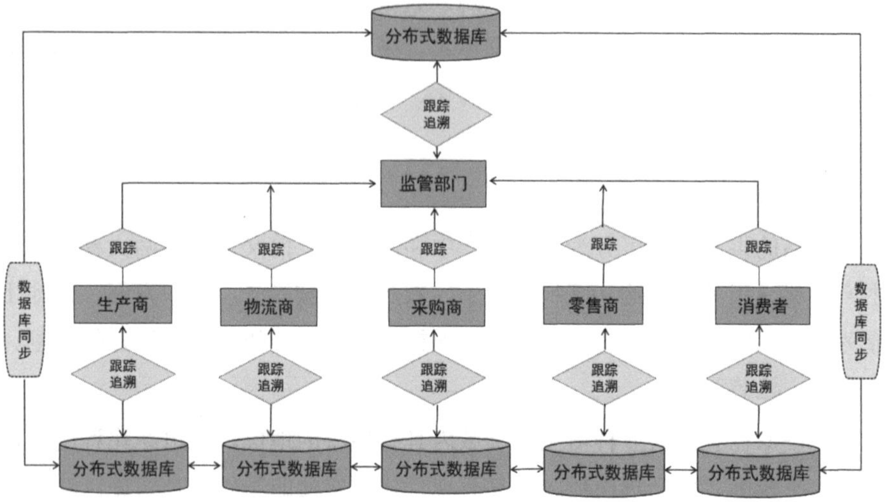

图 4-2　农产品溯源模型示意图

由区块链、物联网、大数据、人工智能、云计算等技术打造的数字农场，从土地承包环节开始结合区块链技术进行认证服务，覆盖从播种到加工的全部核心流程。

（1）生产端。配套农户节点的种植管理模块有种植工人使用的手持终端“农工宝”和农户使用的 App“农户宝”两种形式。“农工宝”的每个手持终端都有特定的硬件编号，并且能自动获取地理戳、时间戳和基础性种植与管理数据，还有经验丰富的种植工人根据苗青的细微变化来进行数据补充，实现通过手持终端将生产环节物联网化。

“农户宝”可以实现种植过程管理、工人管理、生产资料采购管理、金融服务管理和农产品销售管理。“农户宝”实际上是农户的网店，消费者可以通过“善粮味道”平台购买农户田地里的产品。一方面，消费者可以确认这是由区块链认证锁定的优质粮食；另一方面，农户通过“农户宝”可以跟踪订单，一旦形成真实销售，区块链上的智能合约将自动分配更多的收益给农户，鼓励他们继续生产放心粮。

（2）监管端。配套农场节点的“农监宝”模块由农场管理层 PC 端后台、App 及农场生产管理部门的手持终端组成。农场管理者利用农场管理层 PC 端后台及 App，可以更有效地进行土地、农户、生产资料的综合管理。农场生产管理部门的手持终端是检验农户种植达标的核心工具，所有农户上传的数据都会同步到农场生产管理部门的手持终端中。与此同时，农场生产管理部门的检测人员会核对农户上传的数据，如果达标则双重确认该数据并将其上传到区块链共识节点服务器完成上链，如果不达标则马上调整种植措施。这些不达标的数据无法生成平台认证的“品质戳”，农户就不能将产出的粮食放到“善粮味道”平台进行销售。情节恶劣的农户会失去第二年承包土地的资格，达标的农户则可以顺利通过“善粮味道”平台获得高收益，从而形成自治的良性循环。

（3）供应链管理。配套供应链节点的“供应链宝”模块，将收割机、物流车、晒场、仓储加工站改造成智能化的硬件，并将这些硬件数据直接上链，从而形成使粮食成为商品粮的“智能化区块链封闭链条”。首先，在收割时，收割企业会监控记录粮食所属农户、地块及临时存放点；然后，在运输过程中，物流企业会记录运输时间、重量、品类等重要的粮食数据；接着，在粮食入库后，仓储保管员可以用此记录出库、换仓、倒仓、盘货等关键数据并绑定地理戳及时间戳；最后，加工厂将严格按照“善粮味道”平台制定的加工标准完成对粮食的加工。

被改造的机器和加工工人的手持终端会记录加工的核心数据，米厂的化验员和平台的检验员将对加工完的成品大米的各项数据及加工过程中上传的数据进行检验与校对。至此，每款粮食产品都会被区块链打上不可篡改的地理戳、时间戳、品质戳，确保提供的都是放心粮。

（4）平台。以区块链技术为核心的“善粮味道”平台，底层主要采用 Go、Java 进行开发，一方面可以借助 Go 的性能及快速开发的优势，另一方面可以借助 Java 在企业级应用中丰富的应用经验及社区资源，便于企业维护及二次开发。智链的区块链平台已经经过 TB 级数据考验，支持智能合约，在中低频交易场景中可达到千级每秒处理事物数。

（5）用户体验。物联网可收集海量真实可信的数据，通过大数据和人工智能进行分析，并将数据存储于区块链平台。区块链可实现数据的公开透明和不可篡改，在进行商业交易时可降低成本。

【案例】蚂蚁链助力砀山酥梨溯源

砀山酥梨是安徽省宿州市砀山县的特产，位列中国传统三大名梨之首，距今已有千年历史。砀山酥梨素以果大核小为特色，黄亮形美、皮薄多汁、酥脆甘甜，营养价值极高，含有多种人体必需的氨基酸、维生素。每年初秋都是砀山酥梨的上市旺季。因品质上乘，古代地方官员更是将其作为贡梨上贡给朝廷，因此它在当地有口皆碑。真正正宗的砀山酥梨，只生长在安徽省最北端的砀山县。古黄河流经砀山七百余年，留下了绵延百里的黄河故道。因此，这里是沙质土壤，细腻疏松，水源优质，富含矿物质，加之当地适宜的气候等各种得天独厚的生长条件，最终形成了砀山酥梨独一无二的品质。

一方面，砀山酥梨的品质再好，想走出“梨都”仍很难，远在屏幕另一端的消费者很难直接了解和相信砀山酥梨的品质。另一方面，城市里的消费者在市场上难以挑选到高品质的好梨。所以，整个产业链都存在短板，农产品缺乏品牌影响力，处在源头的果农收益低，而处在中间环节的经销商也难以实现较大的发展。上述问题的关键在于，农产品从产生到餐桌存在漫长的交易链，由于缺少完整的溯源信息，消费者难辨真伪，优质农产品和消费者之间缺乏高效沟通的渠道。

阿里巴巴携手安徽省宿州市砀山县，选择“一号梨园”作为砀山酥梨的数字化合作基地，全面引入蚂蚁链技术为砀山酥梨进行品质溯源，并引入天猫、菜鸟网络整合供应链。通过生产经营过程中的商流、物流、资金流和信息流的“四流”链接协作，实现企业生产经营可信数据采集。

一颗砀山酥梨，从商户买入的一颗种子到最终结果、出园、二次加工、包装、销售，甚至是被消费者吃完后评价等多个环节都可以被追溯到。蚂蚁链让产业链上的每一环，无论是果农、商家、政府还是最后端的消费者都能够受益。基于蚂蚁链溯源技术，实现对多方信息的汇聚、链接和不可篡改，是整个品质保障的数据基础。同时，蚂蚁链提供一级支付宝入口，通过官方扫码背书为消费者传递可信正品的农产品印象。

一方面，基于阿里巴巴的生态优势，蚂蚁链帮助砀山酥梨扩展线上线下的新零售模式和渠道，为消费者提供有品质保障的砀山酥梨。另一方面，这些在整个产业链上沉淀的数字资产会成为当地政府指导当地产业经济运行的重要数据来源，可以大大提高政府指导、监管与服务的效率。这一项目最终实现的效果是，整个砀山酥梨产业链将全面升级。果农可以获得好收成，商家可以把业务进一步做大，继续把控砀山酥梨的品质，把更优质的砀山酥梨回馈给消费者，最终形成正向循环。

【案例】众安科技区块链养鸡："步步鸡"项目

随着居民消费水平的提高，绿色健康的饮食消费观念越来越受到重视，"速成鸡"等事件频繁出现，使近几年国内的鸡肉市场呈现出动荡状态，其中突出表现出来的就是土鸡开始在市场中走俏。而现如今很多鸡肉供销商都声称自己的鸡是土鸡，粗饲养殖、美味健康、营养价值高，但这些供销商通常并不能给出可信的证据。况且即使是土鸡也会因为生长环境不确定等因素，而无法真正保证鸡的健康状况。同时，激素的大量使用不仅对鸡的成长造成影响，对人的健康也形成了巨大的伤害。

众安科技开发的"步步鸡"项目是区块链技术在农业物联网中应用的成功案例之一。2017 年 9 月，众安科技与沃朴物联、国元农业保险、连陌科技等达成合作，与江苏省靖江市生祠镇政府、靖江市华源禽业专业合作社等联合成立基于区块链的科技扶贫养殖基地，该基地为全国首个区块链养鸡扶贫基地。此项目将区块链技术和农业物联网相结合，达到数据存储和食品安全溯源保证的目的，同时联合屠宰场、物流企业、电子商务平台、保险公司等实现"步步鸡"从养殖到餐桌的全套服务透明化，以农业物联网结合区块链技术的溯源性和安全性为核心理念，真正实现养殖业数字化发展。

1）解决方案

（1）选址：考察当地地理位置，联合当地养殖户进行养殖，严格筛选最适于散养的中华土鸡苗，并确保每 667 平方米土地上土鸡的数量少于 100 只。

（2）鸡的特定化：在雏鸡过了脱温期后，养殖户就给雏鸡戴上鸡牌，鸡牌内装有传感器，能够对鸡所生活环境的各项指标进行实时监测，如饮水情况、进食情况、空气的湿度与温度、行走步数等，并将这些数据传输到区块链上。一鸡一牌，拆卸即销毁。

（3）绿色化：采用天然食材，如蔬果、五谷杂粮及天然无公害的黑水虻，在用天然食材精确放养 166 天后，"步步鸡"才能进入市场。

（4）记账：选种、养殖、屠宰、物流、销售等一系列过程都被记录在区块链中，区块链的不可篡改性最大限度地保障了数据的真实性。

（5）数据防伪：更加值得注意的是，在此项目中所运用的防伪技术，如在区块链防伪标签中融入国密算法、混沌原理、激光光学、手机 App 智能动态图像扫描、云端数据比对等技术，难以仿制、复印和回收，保证了农产品从源头到终端的唯一性。

（6）人工智能应用：在对“步步鸡”的智能检测中，采用了机器学习和人工智能技术，通过对鸡进行日常视频和图像采集，结合鸡的日常活动量、饮水量等指标，自动判断鸡的身体是否出现异常，及时发现疫情并报警。这对于禽流感具有良好的控制作用，可以缩小疫情范围，降低养殖风险。

“步步鸡”从鸡苗的选择到养殖、加工、运输、销售、追溯等环节，每一步都通过传感器记录并传输到区块链上进行存储。由于区块链的安全性特征，这些信息将被锁定，避免人为故意操控或修改信息。

（1）在养殖环节，通过传感器对鸡的成长状况进行实时监测，并对测量的数据进行分析和存储。

（2）在加工环节，加工企业在获得农产品的同时也获得了对农产品信息文档的访问与维护权限，在加工环节所要添加的添加剂等材料要经过检测，并将检测结果经过有关部门的核实后同步到区块链中。

（3）在运输环节，物流企业将农产品运输途中的仓储冷冻等信息存储在区块链中，并且将农产品的位置信息也存储于其中。

（4）在销售环节，以电子商务平台及线下零售企业为主要对象，销售商不仅要明确农产品的来源，还要将农产品的交易订单信息存储在区块链中。

（5）在追溯环节，消费者可以在购买到农产品之后通过扫描鸡身上的二维码进行溯源，了解农产品从养殖到餐桌的每一步，从而了解所购买农产品的质量等信息。并且鸡身上的防伪标签在送到消费者手中之前如被撕毁将立即无效，这也保证了信息的真实可靠。

2）区块链技术与农业保险的结合

“步步鸡”项目在区块链技术和农业保险方面的创新获得业界的称赞。由于养殖信息都被记录在区块链中，一旦发生鸡瘟导致“步步鸡”死亡等在保险责任范围内的状况，就会自动启动理赔程序，所承保的“步步鸡”的死亡数量被实时记录在区块链中，保险公司和养殖户可以根据信息链中所记录的数据来完成“步步鸡”的理赔核算。

为了降低“步步鸡”的养殖风险，众安科技与国元农业保险合作，为“步步鸡”提供了农业保险等保障。在传统模式下，养殖户想要给禽畜投保，农业保险人员都要实地进行考察和评估，但是由于二者信息的不对称性，经常会发生理赔工作不到位、骗保等事件。而且因为评估流程烦琐、成本过高，农业保险看似有发展前景，然而并不能很好地补偿养殖户的损失。“步步鸡”项目将农业物联网、区块链技术及农业保险进行有机结合，简化了过去农业保险人员到现场考察和评估禽畜养殖状况的程序，大幅节约了人力和物力。

区块链技术与农业物联网的应用，将“步步鸡”生长的每个过程都记录在区块链中，并且当禽畜发生疫病时，能够随时上传“步步鸡”的死亡数量，使保险公司在理赔时更方便地确定理赔金额，实现智能评估，降低了保险和信贷的风险及评估成本，增强了保险公司对养殖户和养殖资产的承保热情。

3）智能合约的应用

为了降低养殖户风险、保障养殖户收益，“步步鸡”项目引入了智能合约。

由于农产品是通过批发环节流向消费者的，而批发商违约会给养殖户造成巨大的损失，如果养殖户的收益得不到保障，其生产积极性就会大大降低。引入智能合约有助于解决这一问题，“社区支持农业”作为一个创新的应用场景，其核心理念是不需要中间商，消费者直接与农户建立合作关系。合作社区建立自己的农产品供应点，社区居民下单后，养殖户直接将农产品送到居民手中，省去批发环节，降低了养殖户的风险，最大限度地保障了养殖户的收益。

在“步步鸡”案例中，消费者可以进行在线购买禽畜、挑选合作伙伴、在线打理土地等操作，并在作物及禽畜成熟后下单，通过消费者与养殖户共担风险的体制，进一步降低养殖业风险。

4）金融支持

养殖户是养殖业的主体。养殖户在“步步鸡”项目中，获得了生产、采购、屠宰、物流、销售等环节的全套服务，产量及销量得到大幅提升，其中众安金融量身提供的贷款融资等金融类服务，解决了养殖户在生产中的资金短缺问题，为产业化养殖注入了活力。

【案例】唯链打造疫情测试结果区块链存证应用

随着新冠肺炎疫情的持续蔓延，全球医疗系统面临前所未有的压力，这对记录居民医疗信息的电子健康档案系统提出了更高的要求。对医疗健康行业而言，实现数据的安全保密存储、有效共享对接、跨平台协作，并以此配合防疫抗疫工作，成为迫切需要解决的行业痛点。

许多国家都在通过新冠病毒抗体快速检测试剂盒进行疫情防控，用以判断被检测者此刻是否为感染病例，能否进入公共场合，因此其测试结果对各地、各部门的防疫工作至关重要。医疗健康机构需要安全、合法、高效的档案系统，并做到在保护被检测者隐私的基础上将测试结果共享。对被检测者而言，同样需要可信、可靠、可查的测试结果自证健康状况，以便维护个人权益。

面对新冠肺炎疫情，当前的电子健康档案系统暴露出不同程度的不足，在数据不可篡改性、数据可追溯性、系统灵活度和系统合规性等方面急需改进。众多医疗健康机构在信息转接方面投入了大量资源，造成各系统之间响应时间过长。

唯链公司与数字化医疗咨询机构 I-Dante 开发出区块链存证应用 E-HCert App，为新冠病毒核酸检测和新冠病毒抗体快速检测的最终结果提供了基于唯链区块链的存证方案。

基于唯链区块链打造的 E-HCert App 旨在构筑多方可信的新冠病毒检测数据系统，为疫情中最为关键的数据提供区块链存证方案。面对欧洲防疫的巨大压力，塞浦路斯地中海医院作为本国最大的医疗机构之一，率先采用 E-HCert App，以提高疫情响应与管理能力，并为政府防控、社会管理和疫情后数据分析研究提供支持。当市民或游客来到该医院进行新冠病毒检测时，其测试结果将存储在医院内部系统中，并经由加密后上传至唯链区块链，保障了数据的真实性与安全性。E-HCert App 完全符合欧盟《通用数据保护条例》的规定，该应用上的个人数据受到法律严格保护。唯有经过被检测者同意，测试结果才能被调用或公开，以此实现个人数据的安全掌控。被检测者在遵守当地检疫和卫生法规的前提下，可持该结果维护个人权益，进行返工、登机和出境等活动。

与传统互联网技术相比，区块链技术在数据加密性、系统协同性和多方信任度等方面拥有显著优势，能有效减少医疗信息摩擦，降低信息丢失风险，为医疗系统优化数据系统并提升工作效率，让每位患者都能安全持有个人电子医疗记录，并随时与其他医院和机构共享信息。

4.3 电子合同

4.3.1 契约、合同、协议

在实践中，人们经常见到“契约”“合同”“协议”三个词汇，需要注意三者的共同点和不同点。

契约是指个人可以通过自由订立协定而为自己设定权利、义务和社会地位的一种社会协议形式。契约可以理解为“守信用”，契约的形式可以分为精神契约和文字合同契约。经济合同和以经济为内容的协议，都可以称为契约，两者都是确立当事人双方法律关系的法律文书。

我国的民法理论已经用合同取代了契约。与合同相关的法律主要包含在《中华人民共和国民法典》（以下简称《民法典》）中。《民法典》自 2021 年 1 月 1 日起施行后，《中华人民共和国合同法》《中华人民共和国物权法》同时废止，合同纠纷适用《民法典》规定。而在经济生活中，这种与经济相关、与主体利益相关的约定，多以法律治理为底线，所以更多的是采用合同的形式。合同的内涵和本质是契约与契约精神，合同的特点是内容明确、详细，对订立合同的主体利益规定得相当具体，对主体的相关责任也规定得十分具体，包括违约责任。合同条款要体现出执行性。

与合同相近的契约形式是协议，而协议的特点是没有具体标的、简单，具有概括、原则性的特点，不过多涉及违约责任。在实践中，合同的达成以协议为基础，合同又是协议的具体化。多数合同都是主体（包括国家、党政机关、企事业单位、社会团体或个人）在平等的基础上进行沟通和协商而达成或订立的一种具有政治、经济或其他利益关系的契约。在实践中，“达成初步协议”是所有合作的基础。协议在所表示的意义、作用、格式、形式等方面基本上与合同是相同的。在实践中，没有必要严格区分什么是合同、什么是协议，关键在于其形式与内涵符合法律的相关规定，受法律的保护。生效的合同或协议是指其法律效力是有效的，除非合同或协议本身因为一些条件而不具有法律意义，或者不受法律的保护。例如，合同或协议的一方或双方是 10 岁以下的小孩，其订立的合同就没有法律效力。

需要公证的合同或协议只是把合同或协议的效力固定并强化，如果相关法律没有进行强制性要求，合同或协议的当事人也没有约定，则不需要公证。合同或协议由当事人各持一份，见证人或第三人的作用只是为了强化合同或协议的效力。

需要明确的是，合同的成立与合同的订立是两个不同的概念，两者既有联系又有区别。电子合同的成立需要具备相应的要件。首先，订约的主体是双方或多方当事人，而合同的主体是合同关系的当事人，他们是实际享受合同权利并承担合同义务的人。其次，订约当事人对主要条款达成合意。合同成立的根本标志在于合同当事人就合同的主要条款达成合意。最后，合同的成立应该具备要约和承诺两个阶段。《民法典》第四百七十一条规定："当事人订立合同，可以采取要约、承诺方式或者其他方式。"

4.3.2 电子合同概述

合同电子化有着较大的市场前景，电子合同是电子商务协同应用的重要场景之一，应用效果十分突出。

1. 电子合同的定义

电子合同又称电子商务合同。数据电文属于电子合同中意思表示的电子化，因此电子合同从法律层面被归为传统纸质合同的一种。电子合同可以界定为双方或多方当事人之间通过纸质信息网络以电子的形式达成的设立、变更、终止财产性民事权利义务关系的协议。

《民法典》扩大了合同成立的定义范围，使新形式的互联网交易在产生纠纷时有法可依。《民法典》第四百九十一条规定："当事人采用信件、数据电文等形式订立合同要求签订确认书的，签订确认书时合同成立。当事人一方通过互联网等信息网络发布的商品或者服务信息符合要约条件的，对方选择该商品或者服务并提交订单成功时合同成立，但是当事人另有约定的除外。"《民法典》第五百一十二条规定："通过互联网等信息网络订立的电子合同的标的为交付商品并采用快递物流方式交付的，收货人的签收时间为交付时间。"

电子合同的主体是合同，其基本内涵和法律关系与传统纸质合同相比并未发生本质性改变：交易各方当事人通过数据电文、电子邮件等电子化的形式进行合意的表达，核心功能在于规定参与各方的权利义务关系，包括设立、变更、终止等。但电子合同与传统纸质合同在表现形式上不同，电子合同种类繁多，不论是B2B、B2C还是C2C等都有不同模式的电子合同。随着数字经济的不断发展，电子合同及数据电文的形式越发多种多样。

合同作为一种法律契约，需要永久保存证据。传统纸质合同“白纸黑字”无法赖账，转变为电子合同后，电子合同文件及签署过程中的身份认证信息、数字证书信息、签署授权信息等证据链保存在第三方电子合同服务商处。一旦发生纠纷，就需要由平台运营方向司法鉴定中心提交相关证据，司法鉴定中心对相关证据进行鉴定分析后出具司法鉴定报告，取证流程复杂、效率低下。

传统的合同分为口头和书面两种形式，电子合同应该作为一种新的合同形式，并不是简单地将文件从纸质形式变成数字形式。电子合同实现了多种传统纸质合同无法实现的创新功能。电子合同与传统纸质合同存在以下几个方面的区别。

1）表现形式不同

电子合同以数据电文的形式进行传输，因此电子合同既没有原件，也没有复印件，是无纸交易。虽然无纸化大大降低了交易成本，但是这种无纸化交易也造成了电子合同作为证据的易被篡改性和适用的局限性。电子数据交换（EDI）和 E-mail 是电子合同的基本形式，两者凭借各自的特点和优势在电子商务活动中占据了一席之地。

2）技术化与标准化等专业化要求不同

电子合同具有虚拟化和电子化等特征。若电子合同的技术存在缺陷，则会严重影响交易安全，所以电子合同的技术和标准就需要严于传统纸质合同。目前，电子签名、电子认证的国际化标准（如 EDI）都是电子合同的基础。

3）合同的订立过程不同

传统纸质合同分为要约和承诺两个阶段。电子合同的订立步骤明显复杂得多。首先，电子合同不只需要经过传统纸质合同的要约和承诺阶段；其次，电子合同不能用传统纸质合同的交易形式进行签名和盖章，需要采用电子签名等技术。另外，对电子合同的操作必然在身份认证的基础上，以电子签名等方式来确认对方的真实身份，保证操作的合法性、严谨性、安全性。

可见，电子合同与传统纸质合同有着显著的区别，电子合同的当事人、要约、承诺及效力问题都是立法中的难点。

2. 电子合同的技术要点

电子合同的技术要点概述如下。

1）主体身份的确认

个人签名、用户认证、数字证书、电子签名及验签，使电子证据具有明确的身份认证，如对接公安部公民网络身份识别系统和权威CA。个人通过真实的手机号在平台上注册，通过身份证、银行卡和人脸识别完成个人实名认证；企业通过营业执照、税务登记证、法人身份证、对公转账等完成企业实名认证。身份的确认使主体对于与主体相关事实的抵赖几乎不可能。

2）电子签名/签章

电子签名/签章的使用，表明某一操作明确经过主体的确认。线上化、根据流程签署的文件，需要一方或多方的签署才能进入下一环节。所以，无论是一方签署还是多方签署，只要配合监管节点的审核，就能使电子签名/签章具有极强的真实性。

3）数字证书

数字证书是形成电子证据的数字化身份证明。由权威CA为用户颁发临时性或永久性的数字证书，保障签名者身份信息的真实性、唯一性、不可篡改性。

3. B2B、B2C与C2C模式下的电子合同

在不同模式下订立的电子合同主要存在以下区别。

1）自动交易

目前，电子合同主要存在三种自动交易类型。

（1）国际化标准（如EDI）。此种类型多用于在B2B模式下订立的电子合同。

（2）电子商务平台（如电子交易系统）销售产品或服务。此种类型多用于在B2C模式下订立的电子合同。

（3）自动竞价，如C2C的竞拍、B2B采购平台的竞价平台。

2）交易双方的地位

相比在B2B、C2C模式下订立的电子合同，在B2C模式中因点击合同的普遍应用，凸显了B2C类型交易中双方地位的不平等性。点击合同是指由卖家通过计算机程序预先设定好合同的全部或部分条款，买家必须同意该条款才能订立合同。在B2C模式中，买家在卖家的平台首次注册时，须“同意”卖家订立的规定卖家与买家之间权利与义务的协议，才能继续进行交易。另外，在B2C模式下订立的

电子合同在产生履行纠纷时，买家无法向第三方平台寻求救助，因此与在 B2B、C2C 模式下订立的电子合同相比，缺少一条救助渠道。

4.3.3　电子合同应用概况

早期的电子合同的实际应用场景具有复杂性、多样化特点，各行业对于电子合同的落地缺乏指导性文件，且当时移动互联网、身份认证等技术应用尚不成熟，使电子合同的用户体验差、实施成本高、司法取证困难，缺少行业的标杆性应用，造成电子合同应用始终没有大规模展开。

2016 年，以《网络借贷信息中介机构业务活动管理暂行办法》的颁布为发端，电子合同在互联网金融、交通运输等具体应用场景落地；2020 年，各地政企纷纷加速了远程办公场景的实施，电子政务、房地产、人力资源等领域对电子合同的认知和接纳程度提高，电子合同市场进入高速增长阶段。

4.3.4　基于区块链技术的电子合同

传统的纸质合同和法律文件在作为重要证据时存在诸多问题，如由纸质文件丢失、破损、伪造，以及“萝卜章”等造成的举证困难。

区块链借助共识机制、分布式账本机制和不可篡改的特点，把电子合同及其形成过程中产生的各类证据保全在由司法鉴定、审计、仲裁、公证乃至法院等权威机构联合构建的联盟链中，实现相关证据的去中心化存证。首先，对于签署双方进行符合《电子签名法》和相关法规的身份认证。然后，提供由 CA 颁发的数字证书。最后，根据用户需求提供多种合同签署方式，包括通过公有云、API、私有云等方式完成线上签署，签署后使用单向加密算法提取出签署合同的数字指纹（哈希值），每份合同拥有一个唯一的哈希值，将哈希值存储到区块链中，保证了合同的验证无法被篡改。

将区块链技术应用于电子合同存证，有效增强了电子签名的可靠性，确保了合同的真实性和有效性；区块链存证结合数字证书，保证了合同数据的不可篡改；区块链技术还可以实现对用户注册（如用户账号、短信验证码等）、实名认证（如身份证照片、人脸识别、公安三要素核验等）、意愿表达（如短信验证码、签署密码等）等环节的存证，从而形成完整的证据链，实现对用户签署场景的还原，为“真实身份+真实意愿”提供强有力的佐证。

电子合同存证平台提供“在线签约+全业务流程存证”的一站式解决方案，在通过区块链技术实现合同的哈希值分布式存储的同时，还可以快速生成可信电子合同签署证据链，无缝对接和处理合同中涉及的纠纷解决、仲裁机构裁决及电子证据递送等问题。而联盟参与方（如国内的司法鉴定机构）可以依托此存证联盟链对鉴定中心保全的电子证据进行鉴定并出具鉴定报告。

另外，电子合同的应用扩展极具想象空间。例如，将合同履约情况广播上链，形成对链上用户的信用评价；将与合同关联的业务数据在链上共享，形成行业大数据；与 AI 技术结合，建立决策引擎等。

【案例】法大大电子合同

随着线上交易的逐渐流行，法大大率先占领了互联网行业市场，随后向金融、旅游、房地产等行业渗透。作为法大大的客户兼投资方，腾讯与法大大合作密切。2020 年，由于线下经济发展受阻，企业合作往来加速线上化，电子签名行业迎来爆点。2021 年年初，腾讯与法大大展开深度合作，在企业微信、微信小程序、腾讯企点三端全面上线法大大电子合同，将电子合同的线上文件签署、流转和管理能力开放给腾讯生态体系下的海量企业和个人用户，让用户足不出户即可完成合同签署。下面介绍法大大电子合同在房地产行业的应用方案。

1）房地产行业的合同数字化需求

合同数字化是中国多数企业，特别是大型企业数字化转型的关键步骤之一。电子合同不仅有助于获得显著的降本增效效果，而且在企业高效与精细化管理、风险防范等方面均体现出较大的应用价值，以电子合同为代表的数字化工具将成为房地产企业数字化转型的重大助推力。

房地产行业规模宏大，覆盖区域广，且业务链复杂，涉及房屋开发、经营、转让、租赁、装修、施工、金融等多种业务类型。因此，合同和文件种类多、管理要求严、信息保密要求高，给房地产企业的合同管理带来了诸多麻烦与困扰。

在数字化时代下，房地产企业更加关注效率、安全、用户体验、合规、创新等维度的建设，而电子合同有助于解决房地产企业中普遍存在的信息不对称、合同法律风险高、签约过程效率低下、签约成本高、用户体验差等问题，打通房地产企业数字化转型过程中的关键一环。

房地产企业在合同管理方面存在的问题如下。

（1）签约效率低、成本高。房地产企业的业务流程长、部门众多，从投资到销售、物业，涉及的合同和文件签署量巨大，而传统纸质合同线下签约周期长、效率低，还需要耗费巨额的打印、邮寄、管理等成本。

（2）印章管理问题。房地产企业的盖章文件多，尤其是跨区域文件流转盖章频繁，集团化、组织化用章，权限管理复杂度较高，海量合同用章周期长且不可控。

（3）海量合同管理的难点。合同模板制作、管理及审核工作极为繁重，人工审核效率低、易出错，且合同签署完成后的分类、归档、存储等工作对企业法务部门而言也是一项极大的挑战。

（4）合同法律风险高。传统纸质合同易出现冒签、代签、“萝卜章”等隐患，且涉及供应商的合同易引发纠纷，经常存在找不到合同、变更单的情况，一旦出现纠纷就会导致举证难度加大。

房地产行业呈现进入存量化阶段、需求端升级及金融去杠杆三大变革趋势，面对这些挑战，积极拥抱新科技，推进数字化转型，是房地产企业重塑增长和业务转型的必然选择。合同作为贯穿企业各项经济活动的重要角色，其数字化、信息化已是大势所趋。目前，以电子合同为代表的数字科技产品正在为房地产企业数字化转型护航助力。

2）解决方案

法大大针对房地产行业提出的电子合同解决方案的创新价值如下。

（1）电子合同签约高效，更省成本。与传统纸质合同签约周期长、成本高相比，电子合同仅用一分钟即可在线完成签约，在缩短签约周期的同时大幅降低了综合签约成本（打印、邮寄、管理等成本）。尤其是异地签约的情况，房地产企业无须再经历快递、等待合同的痛苦。

（2）“电子印章+实体印章”同步管理，使印章管理更安全。针对房地产企业的印章管理难题，法大大提供电子印章管理和实体印章管理的完整印章管理方案，支持对电子印章和实体印章同步管理。这一措施解决了房地产企业印章管理时间、区域的限制性问题，确保房地产企业印章使用高效合规。

（3）合同智能管理，解决管理难题。法大大合同智能管理系统包含合同模板、合同起草、合同审批、合同签订、合同履约等多项功能，聚焦企业合同全生命周期管理，帮助企业法务部门更精准地把控合同的每个环节，提高企业的风险防范能力。同时，签署后的电子合同保存在云端，分类、归档、查找、下载等操作均可在线上一站式解决，帮助房地产企业轻松管理海量合同。

（4）完善法律服务，高效解决纠纷。相比传统纸质合同盖章签字“验明正身”的方式，电子合同采用实名认证的方式确保签署人的真实身份，避免合同冒签、代签、“萝卜章”等风险。当遇到合同纠纷时，法大大可为房地产企业提供证据保全、司法鉴定等法律服务，为房地产企业提供完整的证据链，使其快速高效地解决合同纠纷问题。

此外，法大大还可以为房地产审计部门提供电子证据保全和存证平台——“实槌”保全系统，实现房地产业务全流程的电子证据保全及区块链存证，为房地产企业提供快速、高效、稳定的多元化争议解决通道。

3）电子合同在房地产行业的典型应用场景

（1）投前业务。电子签名实现了房地产企业投前业务中相关文件的在线签署和证据保全，如果出现履约风险，则可以快速在线立案。

（2）营销业务。与房地产企业业务系统集成，在销售认筹、认购环节，实现收据、认购书电子化签署，极大地提高案场工作效率，降低出错风险。

（3）采购业务。与房地产企业办公自动化、采购、招标系统集成，实现招标文件、中标通知书、标书、合同的在线流转及电子化签署，无须打印盖章。

（4）跟投业务。与房地产企业跟投系统打通，实现项目跟投在线查看及签署和电子协议存档，减少邮寄和管理成本。

（5）HR 场景。针对员工的入、转、调、离所涉及的劳务合同及相关文件可实现电子化签署，并支持批量合同发起、签署、管理等功能。

4.4 智能合约

4.4.1 智能合约概述

合约是双方当事人基于意思表示一致而成立的法律行为，为私法自治的主要表现。尼克·萨博最早提出智能合约是一种以数字形式规定下来的承诺，其特点是由程序来自动执行合约。目前，国内学者对于智能合约的研究热情较高，集中于智能合约的法律边界、应用风险及补救方法等方面。

智能合约作为由事件驱动、具有状态、运行在可复制的共享区块链数据账本上的计算机程序，能够实现主动或被动处理数据，接收、存储和发送价值，以及控制和管理各类链上智能资产等功能。智能合约是区块链分布式应用系统的核心功能之一。智能合约不能简单理解为“智能化+合约”，在区块链技术下，数字化和智能化被赋予了新的内涵，而这一内涵正在被区块链商业实践不断更新中。

基于区块链技术的智能合约应用具有以下特点。

1）创新性强

与传统合同相比，智能合约作为“链上代码”的创新具有颠覆性，在尼克·萨博所定义的智能合约的基础上，具有更鲜明的特点、更广泛的功能和实用价值。智能合约是区块链技术构造商业模式、交易平台的核心功能之一。

2）适用于私法、公法两大领域

智能合约在很大程度上是为适应虚拟化、智慧化的网络世界的需要而出现的，可作为数字经济的重要基础设施。区块链技术与智能合约的结合呈现出颠覆式创新的特点，其在技术构造上采用“算法+数据结构=程序”的思路，程序最终表现为以计算机语言编写的代码。智能合约可以是私法，也可以是公法。

3）实现自动执行功能

自动执行合约是智能合约最重要、最本质的特点。对比其他的合约执行方式，自动执行避免了自然语言的模糊性、解释歧义性的困扰，也避免了责任人的临时反悔、拖延等违约行为。智能合约一旦启动，就进入“不可篡改、不可撤销、不可终止”的自动化模式，任何一方都不能出于谋求私利的目的而干预智能合约的自动执行。智能合约因智能化实现执行效率的提升，但提升效率不是智能合约的本质特点。

4）具有强制执行功能

自动执行具有仲裁性、强制性特点，一定程度上代替了司法机关在解决纠纷、争议中的强制执行作用。合约能否执行，对能否形成交易者之间的信任关系起到决定性作用。可预期、防干扰的合约执行模式是对交易的重要保证。法律行为的真正目的是实现私法自治，所以智能合约的自动执行本身是符合法治精神的。自动执行增强了交易者之间的信任关系，这是智能合约治理的核心价值所在。

目前，在线交易中存在异地立案难、标的额不高、证据获取难的问题，智能合约在一定程度上解决了这些难题。在互联网商业模式的“长尾效应”下，智能合约具有潜在的、巨大的经济价值和广泛的社会影响，对于电子商务、金融、产权交易等多种交易场景和社会关系产生较大影响，甚至具有重构效应。

4.4.2 智能合约的用途

智能合约采用去中心化机构来维系合约机制，以代码、算法来表达合约内涵，以程序自动执行来取代当事人履约决策、当事人中途不得干涉履约的模式，试图以技术方法消除当事人在履约中的低效问题及纷争。在传统合约执行模式中，在线交易主要由人来操作计算机软件，操作者具有较大的自主权，可以选择执行的时间、执行的参数，甚至是放弃操作等。智能合约较好地解决了这一难题。

智能合约的应用场景非常广泛，除商业交易外，还包括监管执法等国家治理行为。只要能把两个或多个主体间的权利义务关系规定清楚且能以代码形式将内涵表达在区块链代码中，就可以利区块链的特性，实现智能合约的卓越功能。智能合约是去中心化信任机制的重要组成部分，基于共识机制与自动执行功能以机制维持信任，在一定程度上能在国家监管、行业发展与用户利益维护间找到平衡。智能合约的特点与优越功能，体现在用途的广泛性和功能创新上。

智能合约无法中断或终止，“不可撤销性”抑制合约执行的随意性，确保合约执行的严肃性。在智能合约中，当事人的合意方式十分独特，主要通过代码形式做出意思表示；而在传统缔约中，当事人主要以书面或口头形式做出意思表示。智能合约将合约条款转化为一系列的代码脚本，并基于区块链的共识机制自动执行，这与通常采用的双方协商签约模式明显不同。区块链中某个当事人发起交易后，一旦满足智能合约预置的触发条件，智能合约就会自动执行。

例如，淘宝等平台形成了一个相对独立的虚拟社会网络。在该虚拟社会网络中，服务提供商会根据用户的交易记录、偏好选择等信息推送相关内容；相应地，用户可以根据服务或产品交付的质量、及时性等做出公开评价。在该虚拟社会网络中，当事人可能永远不会见面，但其中的共识机制促成了一种当事人之间的特殊协商签约模式，进而建立了一种独特的法律关系。智能合约的这种特殊模式并非首创，这与麦克尼尔的关系契约理论恰恰相符。

4.4.3 智能合约的交易结构

基于区块链技术的智能合约包括事件处理和保存的机制，以及一个完备的状态机，用于接收和处理各种智能合约，数据的状态处理在合约中完成。事件信息传入智能合约后，触发智能合约进行状态机判断。如果自动状态机中某个或某几个动作的触发条件满足，则由状态机根据预设信息选择合约动作的自动执行。因此，智能合约作为一种计算机技术，不仅能够有效地对信息进行处理，而且能够保证合约双方在不必引入第三方权威机构的条件下强制执行合约，避免了违约行为的发生。

智能合约之所以能够实现自动执行，一方面是程序的机器代码的特点使然，另一方面是因为合约参与人对技术中立性的信赖（前提是参与人理解了这种自动执行技术），参与人之间建立了信任关系，才交由程序在预置条件成熟时自动执行交易。参与人基于技术中立性采用智能合约模式，也是对交易的另一方的信任。

可见，智能合约的自动化、强制性执行不是摆脱信任关系，反而是取得参与人的信任，让参与人更高效、公正、合理地处理交易中的信任问题。在实践中，如果参与人之间没有形成一定的信任关系，那么即便转换为智能合约形式，参与人之间的信任关系也很难得到大幅提升。

当计算机程序监测到区块链中的触发事项达到既定的触发条件时，智能合约预设的执行功能将自动启动，在大多数节点达成共识并对该事项进行签名验证后，自动执行利益分配或在发起人与当事人之间实现价值转移。成功执行的智能合约将被移出区块，视为交易已经完成。未执行的智能合约则继续等待下一次循环处理，直至成功执行。

智能合约的自动执行机制示意图如图 4-3 所示。

智能合约依据共识规则建立契约关系并实现数字化，承担合约的执行功能，具体交易流程是：交易双方在发起某项交易时（利益分配），会事先达成正式或非正式的分配方案（共识），然后将分配方案转换为可编程代码脚本，以数字化形式表明交易的条件及其触发条件，再通过“合约账户”将该智能合约上传至区块链系统，之后进入启动状态，且不可撤销。

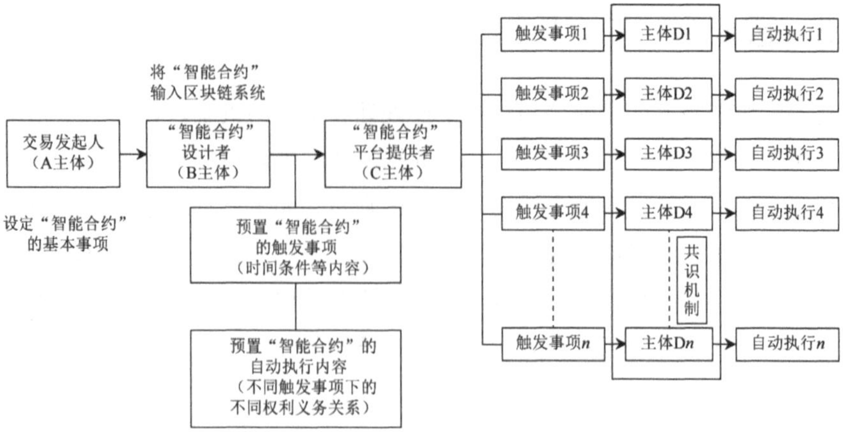

图 4-3　智能合约的自动执行机制示意图

智能合约中的条款、规则由当事人共同参与制定。触发事项在现实中较为常见。例如，在证券交易所交易系统中，设计者预先设定适当的触发机制，一旦股票涨跌至某个预设价格，就自动执行股票交易；在众筹募资全过程中，一旦达到众筹目标，即可自动从投资者账户划款至创业者账户。

4.4.4　智能合约的私法构造原理

公法主要是指调整国家与普通公民、组织之间关系，以及国家机关及其组成人员之间关系的法律。私法主要是指调整普通公民与组织之间关系的法律。

智能合约具有较强的私法构造功能。表达在区块链中的代码，是智能合约中的核心条件——交易规则，而这类规则本身就是算法。代码表示的算法体现合同文本的构成要素、逻辑过程。

智能合约使技术与合约（法律）相结合而成为“共生体”。传统观点是将上述两个对象区分对待，智能合约则将两个对象统筹为一个对象，技术表达法律的内涵，法律的精神就是技术的目标，二者呈现相互嵌入性。

智能合约代码成为法律合同不可或缺的一部分，代码与书面合约的有关部分构成不可分割的整体。可见，技术与法律的结合正是技术自治形成的原理。

1）智能合约是明确的法律关系

智能合约具有鲜明的法律属性，其载体是代码程序，表达的是当事人达成的、可以自动执行交易的合意。当事人的内心意思通过一系列代码予以彰显。代码语言是一种特殊的程序语言，需要设计者先将人类语言转换为程序语言，在转换过程中，容易产生意思表示的偏差，存在程序语言未能充分表达当事人真实意思的可能。在实践中，应重点关注以代码形式表达的智能合约是否等同于合同的意思、是否具备法律效力，这是能否有效应用智能合约的关键。

2）智能合约是建立在《民法典》及相关法律之上的法律关系

智能合约应在遵守《民法典》及相关法律所有规定的基础上形成法律关系，对于违反基本法律秩序的合同，其交易原则不能得到法律的认可。也就是说，智能合约是“法律上的行为”。《民法典》第五条规定：“民事主体从事民事活动，应当遵循自愿原则，按照自己的意思设立、变更、终止民事法律关系。”私法自治（也称私人自治）原则在合同中表现为合同自由，即公民具有是否订立合同，选择合同相对人、合同内容、合同形式，变更和解除合同等行为的自由。

但合同中的私法自治，并不意味着个体可以不受任何拘束地按照自己的意思形成任何的合同法律关系。个体缔结合约关系，只能遵循《民法典》及相关法律形成法律关系，即只能以合同法律秩序所认可的法律行为类型创设合同法律关系。

3）智能合约超出《民法典》及相关法律认可的效力，难以得到法律的支持

不能认为智能合约是一种超越现有法律的“合同”存在。智能合约的“新”，不是针对现有合同的“旧”，现有大量的合同主要基于网络化、虚拟化的关系，这种关系需要具有自动执行功能的智能合约来维持。例如，在线上交易中，交易双方多为陌生关系，这并不是因为交易双方的个体信用不足，而是因为交易双方本身就存在信息不对称问题，缺少建立信任关系的基础，所以智能合约的应用是为了解决交易双方不完全信任的问题。

智能合约属于法律行为的意义，包括私法自治的两个方面：一方面，交易双方可以基于法律秩序按照自己的意思形成法律秩序所规定的法律关系；另一方面，仅那些获得法律秩序认可的法律关系才得以形成，即法律行为按照行为人的意思产生效力。超出《民法典》及相关法律认可的效力，难以得到法律的支持。

4）智能合约自动执行的核心诉求应当从强制性转向效率原则

目前，我国司法环境对于智能合约的核心诉求影响较大，对自动执行的诉求大于执行效率，特别是金融、证券、大宗交易等行业应用对执行要求较高。

相比传统合同，智能合约最大的特点不是形式（代码）差别，而是自动执行，

即达到触发条件就不可撤销，属于事实上的强制缔约现象。当将这一强制力用于维持信任关系时，是没有问题的。但强制力很容易偏向对一方有利，对另一方不利，甚至被滥用。效率是合同交易、维护信任关系的核心诉求，而自动执行则是信任关系中效率价值实现的主要方法。

作为由成本驱动的经济行为，对合同来说效率是十分重要的考量因素。在实践中，经济主体之间的合同、行政性合同的执行都有冗长的组织部门程序，如何提高执行效率是首先考虑的因素。过去几十年，互联网及信息技术发展无不是以提高效率为目标的。可见，随着我国法治水平的不断提高、商业生态的改善，智能合约的核心诉求将逐步转向以效率为中心。

5）强调由信任关系来形成自治规则

在区块链构造的交易场景下，交易当事人众多，交易场所虚拟化，在共识机制之下，所有当事人达成共识。即同意某一交易规则的人，便构成了一个信任对象，个体的交易行为依赖于团体的共识，这是一种具有社会性的信任关系，这一关系是智能合约得以成立的基础。

从这个角度看，智能合约不是“去中心化”，而是“一个没有委托人的世界”（麦克尼尔，2017），信任关系通过智能合约形成自治规则。信任关系在成本和效率因素的驱动下，促进各方当事人基于智能合约达成交易，无须额外的监控或执行成本。可见，个体放弃了部分合意，从而获得依赖于团体的利益保护。但个体在多大程度上放弃差别而迎合团体共识，需要检验智能合约有关条款是否达到诚实信用、公平正义等民法原则的约束。

【案例】杭州互联网法院司法区块链智能合约应用

为推动溯源管理，从源头化解纠纷和实现网络空间的信用再造，2019 年 10 月 24 日，杭州互联网法院推出司法区块链智能合约。通过打造网络行为“自愿签约—自动履行—履行不能智能立案—智能审判—智能执行”的全流程闭环，设计司法治理机制和纠纷兜底处置助推智能合约的执行效率提升，高效处理少数违约行为，减少人为因素干预和不可控因素干扰，构建互联网时代下新的契约签署及履行形态，真正实现了网络数据和网络行为的全流程记录、全链路可信、全节点见证、全方位协作。

司法区块链智能合约实现了生成智能合约、完成实人认证并签约、将合同原文及智能合约上传至司法区块链、智能合约自动执行、合约无法执行后转入多元调解流程、纳入信用联合奖惩机制、立案、审判、执行的全流程智能化。从司法区块链上较为重要的节点来看，我国唯一的法定时间来源于中国科学院国家授时中心，常用的人脸识别技术来源于公安部第一研究所，长三角司法区块链的相关法院均可对证据进行核验。同时，国内一些大型公证处、司法鉴定中心、CA、第三方存证机构也均已接入。当智能合约上链开始执行时，如果当事人违约，则进入多元调解流程，调解机构介入，相关调解数据进入司法区块链存证，并可在诉讼阶段推送到杭州互联网法院诉讼平台。当调解不成时，则进入杭州互联网法院诉讼流程，通过智能立案、智能审判、智能执行系统高效审理案件，快速处理纠纷。

司法区块链智能合约具有以下优势。

1）可信数据

安全可信的数据来源是执行智能合约的前提。司法区块链用多重技术手段保证链上数据真实可信、互通共享，从源头上构建了网络行为“签约就留痕，留痕即可溯”的强大治理体系。

2）参与主体的多元化

基于司法区块链智能合约，行政机关、司法机关、公证机构、鉴定机构、科研机构、互联网企业、存证平台等多元网络主体，共同参与智能合约的开发、运行、监管，打造良性互动的智能合约生态圈。

3）司法的高效性

司法区块链支持多种智能合约语言及结构化合约参数解析，为合约编写提供支持，配备全链路合约开发工具和功能。此外，通过多虚拟机并发执行达到交易并发，支持高吞吐量，同时确保虚拟机执行结果的一致性。

4）安全性

基于司法区块链的共识机制，链上每个节点都要运行智能合约并进行验证。同时，基于司法区块链的可信执行环境，提供端到端的合约数据隐私保护能力。

司法区块链智能合约形成了以嵌套部署、信用奖惩、多方协同、司法救济为一体的集合化功能体系。

4.5 电子仓单

4.5.1 仓单的价值与属性

贸易模式按交易标的不同，可以分为现货交易和期货交易两大类。而现货交易又分为现货仓单交易和现货实物交易。贸易方式经历了现货实物交易、远期合约交易、仓单交易、期货合约交易等贸易形态。

仓单是法律规定的物权法律文书、提取货物的凭证和有价的证券。在我国的法律体系中，仓单是唯一的提取货物的物权凭证，而且这个物权具有充分的出质权和转让权。

基于仓单的融资与交易具有天然优势，包括格式的标准化、使用的便捷性、质量的可靠性、交付的可靠性及不可抵赖性、良好的流动性。仓单支持所有现货商品交易的基础工具，理当服务于所有的中小企业，成为物流企业、制造企业、银行、现货或期货交易所、供应链企业和电子商务平台等机构之间的交易工具，是普惠实体经济的基础服务产品。

仓单属于无因票据，只要所持仓单符合《中华人民共和国票据法》规定的条件，票据权利就成立，持票人不必证明取得票据的原因，从而使仓单效力不再受原因关系的存废或其效力有无的影响。

物流企业能够出具存货的权利凭证只有两种：一是提单，二是仓单。提单是运输部门承运货物时签发给发货人的一种凭证，仅用于运输服务，而不能作为物权凭证；仓单用于仓储，是物权凭证。

在实践中，仓单应用的要点包括以下几项。

（1）除仓单外，常见的“入库单”和“存货单”都是不能代表物权的凭证。

（2）仓单只能由保管人来签发，不能由其他人来签发，包括出质人、电子商务平台、交易所等都没有签发仓单的权利，其签发的“仓单”不能充当物权凭证。

（3）保管人收到货物和交付验收后才能签发仓单。没有收货就签发仓单是违法行为，且面临被起诉为犯罪行为的风险。

（4）保管人没有义务辨认存货的来源，存货人代表首先在仓库存货的人，但存货人不一定是所有权人。

（5）仓单质押在质押合同成立且凭证交付时生效，而存货质押在指示交付并办理登记公示时才生效。仓单质押的便利性明显优于存货质押。

存货人（仓单持有人）的权利清单包括以下几项。

（1）获取仓单的权利。《民法典》第九百零八条规定："存货人交付仓储物的，保管人应当出具仓单、入库单等凭证。"

（2）知情权。《民法典》第九百一十二条规定："保管人发现入库仓储物有变质或者其他损坏的，应当及时通知存货人或者仓单持有人。"

（3）提货权，质押、转让权。《民法典》第九百一十条规定："仓单是提取仓储物的凭证。存货人或者仓单持有人在仓单上背书并经保管人签名或者盖章的，可以转让提取仓储物的权利。"

（4）合同约定的其他权利。例如，库存管理、加工包装、分拣配送等。

保管人的权利包括拒收危险物的权利、收取仓储费用的权利、紧急情况下的处理权利等。没有交足费用，保管人可以拒绝提货。

4.5.2　仓单的发展概况与标准

1．仓单的发展概况

期货标准仓单具有法律责任明晰、刚性兑付的优势，但在实践中存在品种少、应用范围有限的不足。而现货市场中则存在大量的非标准仓单，非标准仓单通常由大型物流仓库开具，品种多、质量标准不统一，流通性及融资便利性远不如标准仓单。

在现货市场中，存在"劣币驱逐良币"现象。在低价胜出的竞争机制下，仓储企业会把存货质量好、本可以生成标准仓单的货物注册成非标准仓单，原因在于非标准仓单的价格更低。由于标准仓单生成和仓储的相关费用比非标准仓单高，在不需要做交割的情况下，仓储企业没有生成标准仓单的动力，采用非标准仓单同样可以进行质押融资。

标准仓单注册环节多，入库、质检及仓租等收费标准固定且高于市场平均价。交易所指定的交割仓库，标准仓单的总费用是非标准仓单的两倍至三倍，而一般物流仓库的非标准仓单费用更低。低价竞争严重阻碍我国标准仓单市场的发展。只有少数有多年期货交割经验的仓库才有仓单服务和管理的能力。仓单服务比一般的动产管理要求更高，需要界定存货的规格、品种、包装和品质，因此质检必须达标才能出具可信品质的仓单。仓单服务和非仓单服务的最大差别可能在于仓单服务不仅要负责数量还要负责质量。

目前，我国的仓单应用发展处于初级阶段，对仓单的使用还处于套用乱用、不会用、回避使用的阶段。大量的现货交易所、供应链企业、电子商务平台则缺乏技术力量，也缺少动力机制来维持与提升仓单交易的环境。对此，推进我国现货标准仓单的规范实施，提高标准仓单质押融资的比例，是解决现有存货质押融资诸多问题、对接西方业务模式的必经过程。

目前在我国，除期货市场外，真正的仓单流通管理体制还没有建立起来。完全意义上的基于仓单质押的物流金融业务在国内较为少见，而仓单更多的是一种存货凭证，而非可流通的仓单。所以，目前我国境内开展的物流金融业务实质为以存货质押融资为主的动产质押。

现阶段，我国能够开展仓单服务的高信用仓储商数量较少，多数厂家、贸易商采用自建仓库和自管运输的方式提供交货服务，不重视专业质检，凭经验验货，交易的综合成本很高，体现为：重复运输多、货物损耗高、商品在库时间长（尤其在产地库时间长）且周转慢、交货掺杂使假、交易环节多、逐级加价多，以及实际运营的自建仓库效率低、成本高，用入库单或存货凭证等非标准仓单充作标准仓单导致争议多、纠纷多、法律风险高。

银行则采用房产抵押或由担保公司提供融资担保（成本很高）的方式，直到近年才建立贸易融资部门或交易银行部门。在专业领域中，多数人误以为仓单仅用于质押融资（仓单最大的优势在于交易）；同时，国内信用证没有仓单的支持，异化成为银行间的同业拆借工具，仓单的交易与融资大大受到限制。

2. 仓单的标准

国家标准化管理委员会于2013年发布《仓单要素与格式规范》（GB/T 30332—2013）国家标准。符合国家标准要素与格式规范，并遵守法律规定要求而签发的仓单称为“标准仓单”（反之将得不到司法的保护）。这一标准起点高，覆盖电子签名和电子仓单，甚至领先于欧美的大部分国家。这一标准的出台为我国推广标准仓单的应用奠定了行业应用标准。

4.5.3　现货仓单交易与现货实物交易

仓单属于国家标准范畴，责任是标准的保存与见单兑付义务。仓单的法律关系清晰度远高于动产质押监管的清晰度。

现货仓单交易与现货实物交易比较一览表如表 4-1 所示。

表 4-1　现货仓单交易与现货实物交易比较一览表

比　较　项	贸 易 模 式	
	现货仓单交易	现货实物交易
交易标的	仓单	实物
交货地点	公共仓单仓库	谈判确定（甲乙或第三方）
货物品质	行业或国家标准	样品或个性约定
质检机构	公认专业合格机构	买卖双方约定
交易规模	大且集中	小且分散
保管人	高水平的第三方物流	自营或第三方物流
价格组成	货值、仓储费	货值、运输费、商检费、保险费、损耗、加价等
融资能力	强，便利化	弱，手续复杂

现货仓单交易与现货实物交易相比具有以下优势。

1）仓单为一次验收、制单，可多次背书，对于多次交易优势显著

现货仓单交易的标的物是仓单（不需要现货交付），由存货人背书并经保管人签名即可转让仓单项下货物的所有权，也可用于出质。收到具有存货人背书和保管人签名的仓单即视为拥有货权。而在现货实物交易中，多次交易则为多次交收，可能发生多次移库、运输，费时费力。

另外，仓单是轻便的一纸单据，其流转速度远快于现货实物交易（出质）。

2）减少货损

实物交收的地点变化，多次交收使频繁的运输与装卸对货物包装、品质造成损害，破损率提高，也加大了货物中途被盗抢或被替换的风险。仓单多次交收可不进行移库操作，货损大为减少。

3）减少大量的谈判环节，节省成本

仓单对应的货物存储在地点固定且信用高的标准化物流中心，运输成本、定价依据、质检费用、仓储服务费用等清晰且可准确预估，无须进行反复的价格磋

商，在行业公平的价格机制下容易达成交易；而现货实物交易，交易双方谈判地位不对等，且指定地点会产生不明的潜在风险，交易双方还需要对运输、质检、起运港、保险等进行费时费力的价格竞争性谈判，甚至影响交易的达成。

4）高效定价机制的基础

商品的定价机制形成取决于仓单仓储地的确定化、集中化、标准化，经过时间和数量的积累，会逐步形成由当地主流贸易商主导的公允价格，如 LME 铜价、上海保税区铜价、佛山有色金属价格、芝加哥小麦价格、新加坡油价等。此时，交易定价更为透明，有利于快速达成交易。

期货市场把其对现货供求关系及变动趋势的判断传送到市场中，使自己变成众多影响市场供求因素的信息集合体，使期货价格更加具有预测性和真实性。以期货价格为核心的现代大宗商品价格形成机制，突破了传统机制下定价基准缺失和信息含量不足的两大局限，适应大宗商品全球贸易的需要。

不同主流交易区域的仓单价格形成较为稳定的区域差价，用“升贴水”定价很便捷，这也是全球期货合约交割全部采用仓单交割的主要原因。如果在现货交易中采用市场资讯机构的信息作为定价基准，则该报价的权威性和公允性难以得到市场的广泛认可。目前，有铜、锌、铅等期货品种所对应的现货市场，基本形成“期货合约+升贴水”定价模式。

5）可信的专业化品质验收

仓单要求载明货物的品种、数量、质量、包装、件数和标记，以及货物的损耗标准等要素，入库时进行严格验货才能开具仓单。仓单模式下的货物品质服务机制具有中立性，即使用户发现收到与仓单不符的货物，仓库也能支持各方及时处理和解决，即更换货物或由责任方赔偿。提单和仓单是物流服务中仅有的必须有货物验收及质检服务的高端物流服务。提单主要用于国际贸易，仓单可以用于国内或国际贸易。可以想象得到，如果采用仓单模式，内贸货物假劣泛滥问题就会大大减少（严格进行质量检查，由仓储方负责货物品质问题，而非卖家、买家）。

6）融资服务配套功能强

仓单作为无争议的物权凭证，流转便捷，便于作为质押融资的担保物，也可以作为贸易融资的买入资产，投资和融资需求都能得到仓单的支持。西方各大主流银行都有丰富的仓单融资和结算服务产品，证券公司也有多种基于仓单的商品融资和衍生产品供投资人选择，值得我国借鉴。

采用仓单模式将提高社会化仓库的利用率，避免交易双方对仓储资产的投入和管理能力建设。仓单模式以租金为单一成本，相对于重资产的投入，仓单的长期成本最低，也有利于提高公共仓单仓库的回报率。近年来，不少房地产商转型为物流地产商，也是看准了未来公共仓单仓库的市场与收益率。

【案例】农民“丰产而不增收”问题与标准仓单

过去，我国部分地区存在农民“丰产而不增收”问题，主要原因在于初级农产品的流通体制和粮食仓储基础设施落后，使初级农产品收获后，农民急于出售（难以存储，也不得不出售），进而导致与收购者的价格谈判处于极为不利的博弈地位。解决上述问题的方法是，建立完善的仓储体系和粮食仓单应用模式，使农民可以通过仓单融资并在市场价格的高位出售仓单而获得一定的利润。

1）农民“丰产而不增收”的原因

农民“丰产而不增收”的症结在于农民仓储资产的不足及粮食仓储服务市场的缺失。农民没有可供使用的公共仓储设施，只能采用家庭自行存储的方式，设备简陋、虫害泛滥，造成粮食损失、浪费现象十分严重，且成本与风险非常高。把粮食暂时存储起来等到淡季时（价格上涨）出售将获得更大的收益，但自行存储的高风险使农民只能现货卖出而放弃较高的未来预期收益，以致损失了粮食的时间价值、期权价值，以及充当融资抵押物的价值。

为保护农民的利益与种粮积极性，我国不得不每年花费巨额的财政收入来补贴粮食收购。国家干预粮食市场不利于粮食市场流通的真正成熟与发展，只有实施粮食标准仓单、提供公共仓单服务，才能建立真正意义上的粮食市场。公共化的仓储服务可以减少粮食流通的垄断环节，从而容易形成比较合理的市场价格。增加农民仓单储粮还可以减轻国家补贴收购的压力，减少财政支出。

2）粮食存储的标准仓单

为解决这一问题，可建立具有高度信誉、管理水平高的新型粮食公共仓储企业，将粮食存储的传统形式转变为粮食存储的标准仓单，同时创建一个相对应的仓单交易平台。农民将粮食根据仓储规章或标准的要求存入仓库，获取仓储企业的不记名标准仓单作为存入粮食的凭证。该仓单主要包括粮食的质量等级、数量，成为类似银行存款的可以随时存取的不记名标准仓单，具有极高的流动性。在标准仓单体制基础上逐步建立仓单交易平台，如现场交易大厅或网上电子交易大厅，实现粮食交易集中进行，以区域集中交易来逐步形成粮食的市场化价格。

此外，由具有高度公信力和专业管理能力的机构对实物进行有效管理，保证仓单与粮食的严格对应，用现货仓单交易代替现货实物交易，避免粮食的移库、运输，降低交易成本，增加交易次数。现货仓单交易使价格更透明，帮助农民更为主动地针对市场信息做出销售决策，而不是被动地低价卖出。

具有流动性的标准仓单可以直接出质以获得银行的贷款，解决农民贷款难问题。在大多数发展中国家，仓单的发展都是从发掘其融资功能起步的。

3）我国首个大宗商品现货标准仓单管理规范发布

2016 年 6 月 22 日，我国首个大宗商品现货标准仓单管理规范《中国玉米标准仓单管理规范》发布，使我国有了真正意义上的标准化和集成化的大宗商品现货标准仓单，具有历史性与革命性意义。《中国玉米标准仓单管理规范》由中国粮食行业协会玉米分会和易储仓储服务有限公司组织牵头，数十个专业机构参与起草，中国标准化协会等作为支持单位，相关仓储标准化集成商、港口企业、保险机构、银行机构、检测机构、法律服务机构、估值机构和评级机构作为实施单位。该管理规范的范围涵盖玉米仓储、玉米运输、相关法律服务、质量检测、保险服务、估值服务、评级服务、数据服务和相关金融服务等。

现阶段，我国大宗商品为集市化的市场交易模式、集市化的专业服务模式及集市化的融资服务模式。但过去，我国大宗商品现货市场只有企业性的仓单（非标准仓单），而没有行业性和高度标准化的仓单。企业性的仓单局限于大宗商品的物理性要素而缺乏服务性要素、标准化要素和集成化要素，导致玉米流通领域存在大量的无效仓储、无效运输、无效交易、无效专业服务、无效金融服务和无效数据服务。

《中国玉米标准仓单管理规范》的发布在我国大宗商品仓储领域开启了标准化、规范化和行业化的序幕，具有引领性、示范性和趋势性作用，推动我国大宗商品仓储标准及规范的升级，进而推动我国大宗商品交易规范的升级、大宗商品市场服务的升级和大宗商品金融业务的升级。此管理规范有助于促进我国玉米市场的有效仓储、有效运输、有效交易、有效专业服务、有效金融服务和有效数据服务；有助于提高我国玉米产业的生产效率、流通效率、专业服务效率及金融服务效率，可系统化地降低我国玉米市场的流通风险。

《中国玉米标准仓单管理规范》由中国玉米储运联盟的成员单位及中国玉米标准仓单示范基地的成员机构率先采用，其中包括营口港务集团、广州港集团、中国平安财产保险股份有限公司、中华联合财产保险股份有限公司、中国检验认证集团等。

4.5.4　中仓单的高信用国标仓单综合服务体系

中仓仓单服务有限公司（以下简称“中仓单”）是由中国骨干物流、金融机构发起成立的国家级现货仓单专业公共服务机构，首创中国现货电子仓单认证、质检、征信、保险、保价等全流程金融外包服务。中仓单于 2014 年 10 月 14 日由中国物流股份有限公司、深圳铁银基金管理企业（有限合伙）、深圳市霖峰投资控股有限公司三家创始股东发起，在深圳市注册成立。根据投资协议的规定，后续会持续引入科技与金融行业（保险、期货）、征信领域等具有代表性的境内外企业或机构，形成多元化股东结构，以持续提升该公司的服务公信力。

1．高信用国标仓单综合服务体系的定义

高信用国标仓单综合服务体系以维护仓单交易、融资便捷和安全为目标，且可为仓单业务的供需双方提供一揽子仓单基础配套服务，属于市场经济中的专业公共服务。其提供方是以中仓单为核心的多方专业服务机构（认证机构、征信机构、保险公司、质检机构、仲裁机构等），受益方是仓单的用户（金融机构、存货企业、商品交易机构）和仓单填发商（仓储企业）。

中仓单标准仓单服务内涵示意图如图 4-4 所示。

图 4-4　中仓单标准仓单服务内涵示意图

标准仓单质押融资的关键不是法律问题，而是具备市场高水平的仓储企业太少，即交付能力决定了标准仓单在现货市场的应用。仓储企业应具备较高的信用

水平和较高的信息化水平以保证兑付，并实现仓单的交易和融资功能。这超出了收租金、做包装分拣等中低端服务，而是一种更加高端的物流服务。

2. 高信用国标仓单综合服务体系的作用

中仓单首创了高信用国标仓单综合服务体系，体系中包括多家服务机构和中国骨干电子商务平台、现货交易所、期货风险管理子公司、仲裁机构等，创立了面向金融机构、物流与仓储企业、货主企业的“中国高信用国标仓单综合服务”，提供仓单认证、质检、征信、保险、保价服务，在仓单格式规范符合国家标准的基础上，为有效推动国标仓单的实施提供基础服务和支持作用。

“中国高信用国标仓单综合服务”在我国法律和自主核心技术的支持下对仓单运用模式、安全模式、公共机制、风险分散模式进行了创新升级，上线的仓单认证、仓单征信、仓单保险三类仓单基础产品填补了国内市场中仓单服务方（仓储企业）和仓单使用方之间利益冲突的技术解决工具这一空白。

（1）仓单认证涉及“仓库认证”“电子仓单的生成和存续认证”。它依据中仓单的标准和规范对仓储服务商的人员进行准入培训，对其仓储设施、运营设备等进行软硬件升级，通过服务认证、电子认证等技术手段对仓储服务商签发的电子仓单进行 7×24 小时的交收支撑服务。

（2）仓单征信涉及“仓储企业征信”“仓单征信”。中仓单研发了符合仓单商业特点的指数和评价体系，通过拥有自主知识产权的“中仓企业征信系统”开展国内首创的仓储企业征信和仓单征信服务。这是一项肩负着“让仓单流动起来”使命的服务。

（3）仓单保险是中仓单联合中国人民财产保险股份有限公司、阳光保险集团等大型保险公司研发的专业保险。它将保险实务中逐单实施的风险评估、风险定价、风险统计、投保操作等环节全部标准化、智能化、线上化，并提供了财产底层验证和远程视频核保等技术支持，有效满足了大量仓单快速生成、频繁赎单、多次背书的供应链融资交易需求和保险保障需求。

符合国家仓单规范的仓单样本如图 4-5 所示。

这种新型服务的出现必将为我国物流产业的转型升级提供急需的帮助，在物流业与金融业升级发展中发挥积极作用。中国金融认证中心（CFCA）根据中仓单的业务场景为电子仓单的合法性、业务数据传输和存储、跨行业互认、票据化加密应用提供了成熟的解决方案。

[redacted]发展股份广州公司 仓单

（凭单提货）

填发时间：2015-11-03 10:13:05　　关联仓储合同号：　　仓单编号：[redacted]

存货人(单位全称)：深圳市[redacted]食品有限公司		存货人地址：深圳市宝安区[redacted]	
保管仓库地址：广州市白云区[redacted]		保兑	仓单保兑人签章：
仓储物名称：[redacted]非转基因压榨葵花籽油		生产厂商：[redacted]食品营销有限公司	

商品编码	包装	规格	型号	单位	数量	库位	标记					货物损耗标准
							仓储物标记	商标	生产批次	产地	含量	
1244[redacted]	普通包装	5L+900ML葵花	非转基因压榨葵花籽	箱	1000	A-1	/	[redacted]	1	中国	/	0.04

仓储货物合计金额（大写）：	壹拾万元整	（小写）	100000.00		
质检机构	55E10D7F_[redacted]	质检报告编号:	110[redacted]	保险单号	
仓单有效期：	2016-02-29	仓储费结清期间	/		
保管人（单位全称）盖章		复核记账：			
收货人签字：		交货人签字：			
备注：					

正本提货联

图 4-5　符合国家仓单规范的仓单样本

3. 高信用国标仓单综合服务体系的具体解释

高信用国标仓单综合服务体系示意图如图 4-6 所示。

相关内容解释如下。

1）认证

（1）仓库认证。

中仓单制定仓库的认证标准，协同保险公司，采用物流和保险的复合标准对仓库的管理能力、失信信息、出险情况等进行综合评估；同时，中仓单联合专业认证机构，通过电子加密的技术手段对仓库基础设施进行电子认证，保证数据采集的真实性和不可抵赖性，以及传输过程的安全性。

（2）电子仓单的生成和存续认证。

中仓单自主研发的中仓单系统支持从入库预约到仓单生成及仓单存续期信息变更、再到仓单兑付全过程的管理和记录保全，同时支持融资机构、货主企业通过安装在仓库的物联网设备进行 7×24 小时的远程验单、验货。

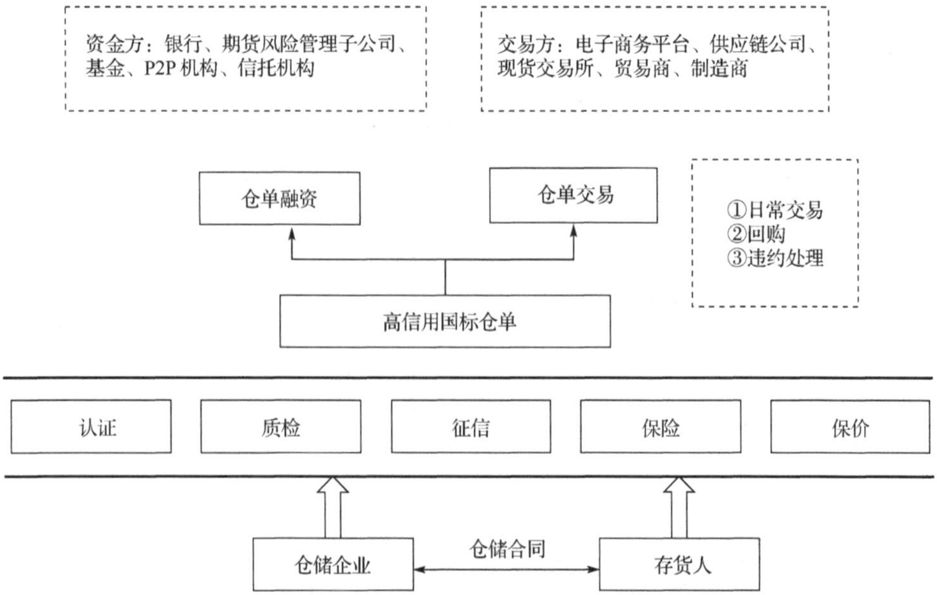

图 4-6　高信用国标仓单综合服务体系示意图

2）质检

中仓单联合国内领先质检机构提供高信用国标仓单质检服务，包括溯源和库检。在溯源方面，中仓单系统通过对接的产品溯源系统，对仓单项下货物的产地、规格、数量、质量标准、生产日期等信息进行核对，确定货物品质。在库检方面，对于需要库检的仓单项下货物，客户可通过中仓单系统在线申请质检，由质检机构派人到仓库现场进行取样，质检报告通过中仓单系统进行上传，中仓单对库检取样、质检报告的上传和确认进行电子认证，保证信息真实、有效和不可抵赖。

3）征信

中仓单针对仓单经营的商业特点研发信用评价体系，建立了“中仓企业征信系统”，专门为仓储企业征信和仓单征信提供服务。

（1）仓储企业征信。

仓储企业征信的要素包括企业基本信息、管理人员及重要岗位人员信息、财务状况、经营情况、仓储设施情况、仓储管理情况、诉讼及不良信息、投保及历史理赔信息等。

（2）仓单征信。

仓单征信是对仓单高信用内涵的确认与信用的动态跟踪。仓单征信包括货权征信、仓单兑付征信、仓单服务征信、货物流动性征信等。仓单征信的要素包括仓单要素、仓单背书记录、物权情况、质检情况、仓储场所情况、保险情况、货物价格和市场交易规模等。

4）保险

中仓单提供高信用国标仓单的认证、征信服务，以及部署在仓库端的物联网技术和安防技术，支持定制仓单保险承保公司完成保前风险评估、风险定价，保中风险监控和预警，以及为出险后快速定责定损提供技术支持。中仓单首创的高信用国标仓单综合服务体系将动产转化为标准的仓单信息，为传统企业财产险的互联网化升级提供了基础。

5）保价

对具有期货品种标的的货物，根据市场行情为产品制定套期保值方案或利用场外期权提供保价服务，以规避货物价格波动带来的仓单贬值风险。与没有进行价格风险管理的仓单相比，经过保价的仓单作为融资担保物时可以适度提高资金利用率和价格风险抵抗能力。

4．高信用国标仓单综合服务体系的融资创新

高信用国标仓单综合服务体系将金融机构、货主企业、保险公司、质检机构、仓储企业、电子商务平台等多个主体联系在一起，通过现货电子仓单认证、质检、征信、保险、保价等全流程仓单基础配套服务，更加明确了仓储保管的法律责任，并推行仓单责任下完整的仓储保管模式，这样既可以确保货物的真实性和仓单保兑责任的不可推卸性，又可以提供良好的信贷资产和信用信息等。

高信用国标仓单综合服务体系主要从四个方面进行了创新：①从动产质押监管升级到高信用国标仓单认证；②在技术和风险管理机制上建立了公共仓单机制；③首创物权征信服务；④与财产险领先机构合作定制了万亿级的仓单专项险。

为达到线下的高信用交收环境，在仓单存续期间须对物流交收实现严格的监管。仓单存续期间物流交收环境示意图如图 4-7 所示。

图 4-7　仓单存续期间物流交收环境示意图

中仓单打造的高信用国标仓单综合服务体系提供仓单认证、质检、征信、保险、报价服务。物流企业可以有效扩大物流金融业务规模，规避内部不规范操作导致的重复质押、无效质押风险，同时可以开展代为收货、收款和代为投保、转质交割等金融增值服务，提高市场竞争力。银行等金融机构可以回避原有质押监管业务的仓单重复质押风险，提高质押业务的操作效率，提高仓单变现的流动性和安全性，大幅提高供应链融资的规模，降低坏账率。中小企业可以通过仓单的质押提高融资效率、降低费用，解决因缺少不动产而导致的融资困难。

4.5.5　“区块链+标准仓单”应用架构

标准仓单的形成路径与应用效力构建于严格的法律约束和操作规程之上，且是多方参与之下的交易标的。“区块链+标准仓单”可实现协作、公开、公正和按规则执行的应用场景。

“区块链+标准仓单”构建的分布式、弱中心化的应用模式，优于中心化的电子仓单交易与融资模式。

结合区块链分布式账本技术来改造交易模式和交易流程，可解决两大信任问题。

（1）将传统的交易环节改造成公开透明的可追踪、可溯源模式，以参与方的共同见证来防止作假和道德风险，确保交易的真实性和准确性。

（2）安全性要求达到或超过国家所要求的电子签名安全标准，以数据密钥和单证加密的方式，又可以保证交易各方的信息保密性要求。

现有仓单电子交易平台为中心化模式，在实践中仍然存在诸多问题，其中最大的痛点是电子方式对于交易的真实性、流转单证的有效性等的监管效力有限，难以避免道德风险。对此，区块链技术以公共账本来验证交易的真实性，在此基础上构建公开、公正的单证流转模式，同时保证交易各方的信息保密性要求。

同时，监管部门也加入区块链中，从而进一步提高账本的安全性和信用度。监管部门在分布式账本中对不可篡改的数据进行审查，以极大的便利来对不正常信息和行为进行有效监控。区块链技术使监管的实时性得到保证，并且使各方无法虚报、瞒报数据，也无须上报信息到监管方，在降低监管成本的同时保证了是对最新数据的监管，为构建良性循环的市场信用环境提供法律和制度上的保障。

区块链架构下仓单质押融资逻辑模型示意图如图 4-8 所示。

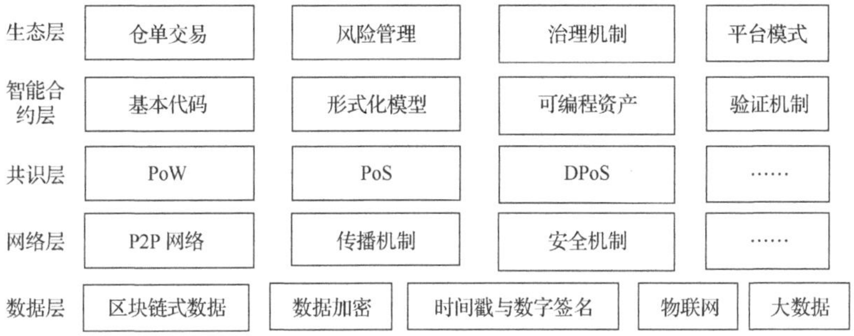

图 4-8　区块链架构下仓单质押融资逻辑模型示意图

可运用区块链技术建设“区块链仓单交易平台”（注册与交易）、“区块链仓单登记公示平台”，以联盟链的方式为会员单位在其行业内开展基于区块链分布式账本的交易模式，再将联盟链中的仓单对接到国家级的动产交易登记公示平台。

“区块链+标准仓单”结构示意图如图 4-9 所示。

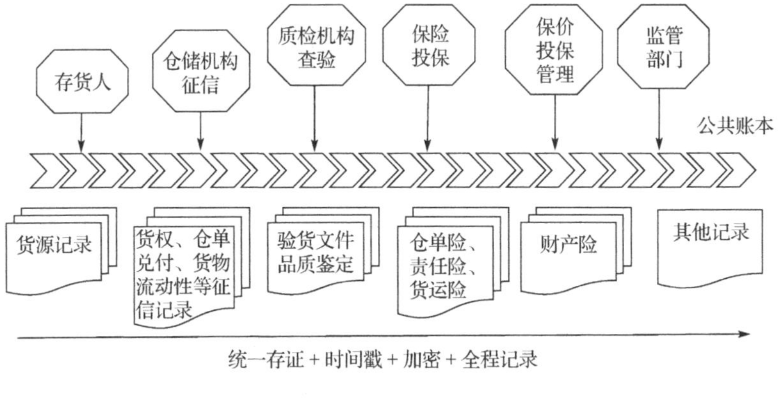

图 4-9　“区块链+标准仓单”结构示意图

仓单的形成过程公开透明，各种单据形成之后不可篡改、不可作假；各机构之间互相制衡，形成互相监督机制，特别是在监管部门的实时监督下，可以有效防止道德风险和相互串通作假的风险。

仓单质押融资采用区块链应用模式，将交易以“区块链+合同”的方式记录下来，形成区块链仓单交易平台。区块链架构下仓单交易与质押融资示意图如图 4-10 所示。

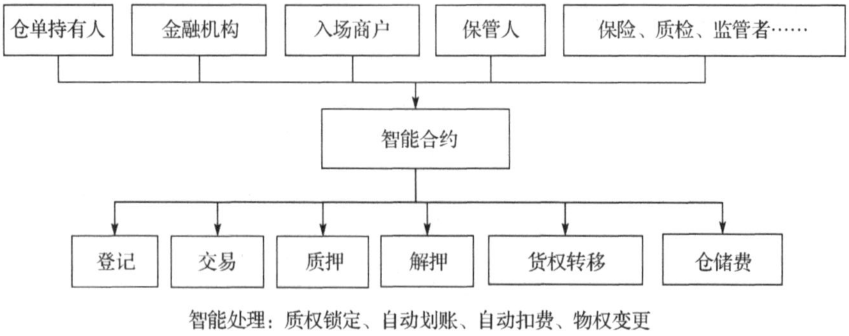

图 4-10　区块链架构下仓单交易与质押融资示意图

区块链架构下的交易模式具有以下优点。

（1）基于身份认证、电子签名等，确保所有参与者身份真实，保证操作的合法性和不可抵赖性，也避免了用户重复登录的行为。

（2）采用一套系统来覆盖不同的机构和企业，共同创建一种商业模式。

（3）完全去中心化，没有谁联谁的问题，所有交易都可能从不同节点发起，实现点对点交易，避免中心化系统的不足。

（4）智能合约的模式避免了道德风险，以及人为操作延时、故意不执行等现有合约执行的不足，确保有效执行达成的交易规则，维护交易公平和信用的形成。

（5）记录真实，线上达成的交易具备完全的法律效力，无须线下的确认和人工鉴定，保证交易效率，真正实现电子交易的高效性、安全性和不可更改性。

（6）形成持续增长的交易信用。一次次的交易形成增量化、不可更改的交易记录，公开透明，使前面交易形成的信用可以有效传递给后入手的交易者，从而使后入手的交易者无须担心前几手交易造成的后遗症（指同一仓单的连续转手交易）。

经过以上分析可以看出，区块链技术可使多家协作机构存在于互相监督的场景下，使传统模式下的私下串通行为难以发生。在公开透明的机制下，讲信用的机构会获得参与者的一致认同，连续的交易也使仓单无须重复地进行真实性查验。交易行为的相互印证将产生“信用自证”和“信用自增”的特殊现象，这是传统信用技术与交易模式不可能产生的信用增级现象。

区块链技术的本质是建立一种机制，有效抑制人性的弱点（追求私利），而弘扬人性的光辉，即公正、客观、可信。人是环境中的人，只有构建符合良性发展的机制和制度，人才会在交易中构建商业文明。人类的商业发展史很好地说明了这一点。

4.6　其他电子商务协同应用场景

4.6.1　基于区块链技术的电子发票

发票又称发货票，也叫商事凭证，是指一切单位和个人在购销商品、提供或接受服务及从事其他经营活动时所开具和收取的业务凭证。发票是会计核算的原始依据，也是审计机关、税务机关执法检查的重要依据。在交易过程中，购买方一般需要销售方提供发票。发票是一种法律责任证书，可作为债务与债权形成的法律依据。在交易过程中，将发票列入交易的附加证据，能提升交易的真实性、增强责任的明确化。

发票对于交易的真实性具有重要价值，发票是经济责任是否发生的证明。发票的真实性在于其记录内容的真实可靠和原始性。发票是交易发生的充分条件。购买方一般是发票持有方，依据此发票进行资金付出，以及实物运转和验收入库等方面的核算；销售方作为发票开出方据此进行资金收进，以及实物出库、销售费用摊销、成本结算和纳税义务发生等方面的核算。发票为财政、税务、工商、物价、审计等部门进行财务、税收、物价等检查提供了最基本的依据。

发票用于证明交易是否发生，收据是收付款凭证，发票与款项是否收付没有关系。发票在我国社会经济活动中具有极其重要的意义和作用。

（1）发票具有合法性、真实性、统一性、及时性等特征，是最基本的会计原始凭证之一。

（2）发票是记录经济活动内容的载体，也是财务管理的重要工具。

（3）发票是税务机关控制税源、征收税款的重要依据。

(4) 发票是国家监督经济活动、维护经济秩序、保护国家财产安全的重要手段。

发票的种类繁多，主要按行业特点和纳税人的生产经营项目进行分类，每种发票都有特定的使用范围。凡是在实质上符合发票基本概念的，均属于发票。比如，车票、船票、水电费收据等虽然在名称上并不被称为发票，但从实质上讲这些都属于发票。

【案例】中国第一张区块链电子发票落户腾讯

2018 年 8 月 10 日，腾讯和国家税务总局深圳市税务局合作，在深圳市国贸旋转餐厅开出首张区块链电子发票，深圳由此成为全国区块链电子发票试点城市。在首期试点应用中，国家税务总局深圳市税务局携手腾讯及金蝶软件，打造“微信支付—发票开具—报销报账”的全流程、全方位发票管理应用场景。

区块链电子发票在国内首次实现了从领票、开票、流转、入账到报销的全链条覆盖。区块链电子发票通过“资金流、发票流”的二流合一，将发票开具与线上支付相结合，实现“交易数据即发票”。通过区块链管理平台，税务局可实时监控发票申领、开具、流转、报销全流程的状态，对发票实现全方位管理。区块链电子发票将连接每个发票干系人，可以追溯发票的来源、真伪和报销等信息，让发票信息全场景流通成为现实。

(1) 对于用户，区块链电子发票可优化发票报销无状态、大部分企业报销需要打印等问题，使用户可在区块链上实现报销和收款。

(2) 对于企业，区块链电子发票可优化无法批量查询发票真伪、开票成本高等问题，使企业可在区块链上实现发票申领和报税，解决发票流转过程中一票多报、虚报虚抵、真假难验等难题。

(3) 对于税务监管方、管理方的税务局，发票信息将实时同步至企业和税务局，可优化长期存在的发票中心化存储、参与方割裂等问题，实现无纸化智能税务管理，使流程更为可控，实现全流程监管的科技创新，有效解决发票填写不实、不开、少开等问题，保障税款及时、足额入库。

可见，在业务场景中，在业务链的信息化水平较高的情况下，区块链技术可使证明交易真实性的单据、票据实现数字化，依据时序性、业务逻辑将各类票证串联起来以互相验证，从而使证据链简便、可信度高且对交易真实性证明起到关键作用，是对传统人工票据审查方式的突破。

4.6.2 数字版权应用

知识是人类智慧的产物，而版权（著作权）是知识产权的重要组成部分，强化版权保护是推动我国建设创新型国家、由文化大国向文化强国转变的关键所在。然而，随着自媒体时代的到来，人人都是创作者、内容的发布者，数字作品的创作门槛逐步降低，网络文学、图片、音视频等数字内容呈爆发式增长。但同时，版权侵权问题日益严重。数字作品天然具有“可复制性、非独占性、易被篡改性”等不足，导致数字版权侵权行为极易发生。短视频、动漫作品、网络直播、知识付费、有声读物、影视作品、网络文学、网络音乐等，甚至包括电子商务平台、应用商店、网络云存储空间等都是盗版侵权的重灾区。中国版权协会数据显示，2017 年仅网络视频行业，因观看盗版视频而没有为正版视频服务付费的用户，给整个行业带来了高达 136.4 亿元的用户付费损失。

版权的概念始于文艺复兴后期，即复制的权利，是指为阻止他人未经许可复制作品、损害创作者经济利益而由法律创设的权利。版权的取得有两种方式：自动取得和登记取得。自动取得是《保护文学和艺术作品伯尔尼公约》所确立的原则，是多数国家法律确立的版权取得原则。我国规定，作品完成就自动取得版权。但所谓完成的状态并无绝对性，只要创作的对象已经满足法定的作品构成条件，就可视为作品受到法律保护。版权登记是版权权利人享有该作品版权的一种证明，即以版权登记明确版权归属，它是版权纠纷中的有力证据。

而数字版权是数字化时代所采用的一种主要版权形式。数字版权是创作者享有的以数字化方式保存、复制、发行数字作品的权利。数字作品以二进制数字的形式固化在硬盘、光盘等电磁介质载体中，通过网络以数字符号的方式传播，以计算机、手机等终端显示和表现。数字作品是数字版权保护的对象，主要包括两类。一是传统作品的数字化。即将作品以照片、视频等数字符号的方式存储在硬盘或光盘等有形载体上，虽然作品的表现和存储形式发生了本质的变化，但作品的“独创性”和“可复制性”并没有发生变化，数字作品只是原作品的数字影子。例如，报纸、期刊、图书、绘画、摄影等传统出版物的数字化。二是从产生开始就以数字符号的方式存在的作品。例如，计算机软件、手机游戏、计算机动漫、数码照片等。

数字版权产业链的上游是创作者和内容提供商，包括图书出版机构、期刊或报纸发行机构、唱片公司、游戏和动漫制作商、影视作品出品人、摄影师等机构或个人。中游是以数字作品销售为中心的平台服务商，为公众提供检索入口、搜索、引流、销售等服务。创作者不再进行数字作品的营销工作，而是专注于作品创作本身。下游是硬件终端生产商、软件终端开发商和数字发行商，在线发行平台是目前最主要的形式。

数字版权保护技术一览表如表 4-2 所示。

表 4-2　数字版权保护技术一览表

分　类	技术方案	作用阶段	内　容
第一类	区块链技术	版权传播前	利用区块链技术进行版权存证、登记、溯源、侵权等证据固化与交易存证
	可信时间戳	版权传播前	由联合信任时间戳服务中心签发，证明电子数据（文件）在某一时间点已经存在且完整、可验证，具备司法效力
	数字水印	版权传播前	将版权信息、标识信息等以可见或不可见的方式嵌入数字作品中，用于证明作品的来源，实现对作品的完整性保护
第二类	数字版权管理	版权传播中	颁发数字许可证，对分发、传输和使用等环节进行管理，控制版权的流转、使用、授权期限和授权范围
第三类	数字 DNA 技术	版权传播后	通过图像检索技术发现疑似侵权作品，并与原创的、已经存证的数字作品 DNA（数字特征或指纹）进行对比，若相似度超过阈值，则提取侵权证据

随着数字经济的快速发展，数字内容产品与市场快速扩大，数字版权纠纷的数量快速增加，数字作品的侵权形式也更加多样化、隐蔽化，导致难以监控、难以取证。例如，广州互联网法院在 2020 年 1 月至 6 月的案件统计显示，“网络著作权、邻接权权属纠纷”案件多达 17 549 件，占统计案件总数的 58%。与数字版权保护相关的法律法规包括《中华人民共和国著作权法》《互联网著作权行政保护办法》《信息网络传播权保护条例》等。

现有数字版权保护体系存在以下痛点。

1）确权存证问题

由于技术限制，数字版权登记往往需要准备很多材料，流程烦琐，耗时费力，无法满足当前市场中数字作品量多、种类多、生命周期短的特点，使创作者的版权登记意愿不高。同时，由于数字作品的多样化，业界尚无标准的版权存证体系，登记流程的耗时长和成本高等问题难以解决。例如，线下人工审核，从版权登记到获得证书需要 20~30 个工作日。

2）维权取证难

对海量作品的监管是现有数字版权保护体系难以实现的，且侵权行为隐蔽性强、跨域性高、侵权方式多，侵权证据容易被删改或销毁，导致取证难、证据认定难、维权难。首先，人工对海量作品的监管效果是非常有限的，创作者自身无法对全网进行监管来判断是否被侵权。个体监管力度不足，甚至难以发现事实上的侵权行为。其次，智能识别技术存在判断力上的不足，如 AI 识别技术对于图片具有较强的检测能力，但对于知识性较强的文字性内容则难以判断。最后，侵权者有意躲避监测和追查，频繁更换侵权形式及内容，包括更换域名、转移服务器等，使侵权监测难上加难。这类因素最终导致维权取证难，失去了司法保护创作者权益的基础。

3）授权交易难

现有数字版权利益分配体系不能适应数字化交易的需要，数字作品的发布渠道多样化、版权使用方式多样化，缺少适应数字化环境的分配机制和分配技术，使数字版权收益的分配缺少公平性、有效性。而创作者、消费者和平台方之间的权益分配失衡，是数字化产业生态难以建立的重要因素。

基于区块链技术的数字版权保护解决方案的主要内容如下。

1）数字作品的版权确权

为实现对数字作品的身份登记，首先要给特定的数字作品一个唯一的身份代号。采用哈希算法计算出与数字作品一一对应的数字指纹，获得该数字作品的身份代号，该身份代号具有唯一性。同时进行记账，确定数字作品与创作者之间的对应关系，以技术保障链上版权登记的内容不可篡改。这一过程较为便捷，将版权申请、注册和登记缩短到几分钟时间来完成，费用可以降低到 10 元甚至更低。

2）对侵权行为的判定

区块链通过哈希算法提取数字指纹，建立版权数据的指纹作为检验侵权数字作品的重要依据，简便易行。数字版权确权之后，该版权的流转、交易等各方面信息均会被记录在系统上，在数字作品全生命周期内都可以进行追溯、追踪。通过在线的页面截屏、屏幕录像等方式，可对可疑的侵权行为进行在线自动取证，这一证据具有原始证据的效力，有利于司法采信，实现低成本的司法取证。

3）解决数字版权交易授权的信用问题

传统数字作品的在线交易，交易双方是陌生关系，存在严重的信息不对称问题，双方都需要花费巨大的交易信息搜寻和验证成本，导致交易成本高、时效性低。区块链系统结合智能合约技术，由系统对交易各方的身份信息进行验证，且数字版权本身的信用无须进行重复验证，在自动化的交易流程中自动触发交易，无须第三方信用机构的介入，以在线的方式实现版权的转移、费用的清算等交易环节。高效的数字版权交易、消费和流转模式，是适应数字化时代需要的创新交易模式。

一些常见的区块链数字版权应用平台介绍如下。

（1）百度超级链。它覆盖图片生产、权属存证、图片分发、交易变现、侵权监测、维权服务等版权服务。百度超级链打通了司法渠道，接入北京和杭州互联网法院司法区块链，并支持在线出具公证书、司法鉴定意见书，提供法律咨询等服务，实现群众足不出户在线维权；提供内容分发、品牌曝光、流量导入及价值变现等一揽子服务，推动百度搜索生态与内容版权方实现共赢。在图片领域，百度超级链数字版权保护解决方案运用区块链技术实现图片版权保护，并与视觉中国、锐景创意、高品图像、美好景象、拍信、计易、比目鱼等合作方共同构建图片版权保护生态，支持全天候版权侵权实时监测，识别准确率超过99%，覆盖全网千亿规模的数据，万张图片最快两小时产出侵权监测报告。

（2）蚂蚁区块链版权保护平台。它为作品内容生产机构或内容运营企业提供集原创登记、侵权监测、电子数据采集与公证、司法维权与诉讼为一体的一站式线上版权保护解决方案。蚂蚁区块链版权保护平台将版权保护所需各环节由零散分布状态整合为一站式服务，大幅提高了效率，降低了使用成本。它运用区块链技术建立版权业务的共享账本，使版权存证、交易等全链路信息均被记录在共享账本上，实现多方透明共享、无法篡改和删除，进而提高版权的公信力和司法效力。视频 DNA 能力的植入可以发挥其服务稳定性和抗攻击性的优势，为多种媒体提供唯一标记，支持亿级 DNA 库的毫秒级检索，很好地应对多种常见的数字媒体内容篡改手段，如模糊化、视频旋转等攻击。它还利用“区块链+视频 AI 技术”重塑版权价值，打造可信任的版权数据库及数字化版权资产交易平台，并提供侵权监测、法律维权、IP 孵化等相关服务。

（3）安妮股份版权家。它利用区块链技术分布式记账、不可伪造、不可篡改、可溯源的特点，为权利人提供数字版权确权存证服务，并通过搭建国内领先的版权区块链联盟，引入中国科学院国家授时中心、天威诚信、司法鉴定中心等机构作为联盟中的重要节点，使确权存证的服务更加具有公信力。安妮股份版权家以区块链技术和大数据技术为支撑，以版权的保护、管理、交易、运营为主线，构建了以区块链版权保护服务、版权大数据、版权授权交易、IP 孵化开发为核心的业务体系，形成了软件产品、互联网平台、线上线下服务、解决方案实施的版权综合服务能力。安妮股份版权家还基于区块链技术、可信时间戳技术和数字身份认证技术等，为海量数字作品提供即时和快速的原创性证明、授权证明及侵权证据，全方位保障各类数字作品在生产、消费、流通环节的版权安全，实现“创作即确权”“使用即授权”“发现即维权”。通过引入 CA、中国科学院国家授时中心、司法鉴定中心等具有公信力的机构，提高了版权权属和授权的法律效力；通过将“申请人信息+发布时间+发布内容”加密上传，赋予每个作品唯一的区块链 ID，保证版权数据永久保存、不可篡改，并经由版权区块链联盟网络对外公示，使版权存证信息无缝对接公证处，通过公证处对存证结果进行公证。

（4）纸贵版权。它提供包括版权登记、快速维权及法律咨询在内的一站式互联网版权服务，以文字作品、图片作品、VR、AR 等版权内容为核心。

（5）人民版权平台。它由人民网牵头，联合逾 100 家党政媒体共同抵制未经授权擅自转载新闻作品的行为，保护新闻媒体版权；同时，提高新闻媒体对其作品转载的议价能力，努力实现常态化监控和维权、市场化交易等，推动新闻版权市场健康发展。

4.6.3　“区块链+物联网”的动产质押

区块链与物联网的结合可以弥补两者自身的缺陷，实现“物理—数字世界”的可信连接，保障链上链下数据的一致性，其作用表现在以下三个方面。

（1）物联网设备可以有效提升链上数据的真实性。利用物联网终端设备安全可信的执行环境，可以将物联网设备可信上链，从而解决物联网终端身份确认与数据确权的问题，保证链上数据与应用场景深度绑定。

（2）区块链为数据要素流转和价值挖掘提供可信保障。区块链记录的准确性和不可篡改性让隐私数据变得有据可查，而且在安全方面更易于防御和处理。区块链可以助力物联网的数据采集，形成深度融合的应用场景。

（3）区块链促进物联网应用扩展。万物互联的时代使数据价值越发凸显，区块链的安全性和透明度为解决当前物联网面临的问题提供了新的思路。区块链将加速物联网应用扩展，丰富“区块链+物联网”智能应用场景，并为服务商和消费者开辟新的路径，加速行业融合创新。

区块链的核心价值在于通过算法建立一个公开透明的规则，并以此为基础创立可信网络，实现即便节点之间互不信任也能确保点对点之间的交易安全，这在传统模式下是不可思议的事情。

物联网的基本结构也是节点之间的联系，但节点是物，而非人（具有智能）。物联网节点中产生的数据具有公开透明、难以伪造、实时性强的特点，能够从技术上解决质押物状态的真实性问题。

现实中的存货质押业务存在的道德风险是人为造假行为。有效避免人的干扰，将物联网技术对接到动产质押监管系统中来，是解决道德风险问题极为有效的方法。在仓库管理中，物联网技术可以准确感知货物的重量、位置、轮廓、移动状态、管理权限等物理信息，是保障动产的有力手段。同时，可以实时生成与货物唯一对应的动态登记对象信息，有效解决传统监管手段难以回避的道德风险问题。物联网下的动产质押监管技术与服务在精细化程度、监管强度及质押风险控制方面具有较大的相对优势。

而“区块链+物联网”架构将从技术上推动动产质押业务由现有的自发自主描述化的模式向标准化、结构化确认的模式转变，实现监管公示力向公信力的延伸。

【案例】感知科技的动产质押监管

1）背景

2013 年上海钢贸事件折射出来的问题是动产质押的信用风险不可控。钢贸是典型的资金密集型产业，而小型钢贸企业都是家族式管理，财务报表不规范甚至没有相关的报表，很难直接从银行获得融资。因此，商业银行过去普遍采用联保互保的融资模式，到 2009 年这一融资模式达到顶峰，其后问题渐渐显现。在遇到经济下行风险时，无论是产业链金融、联保互保还是商圈金融，失去了质押动产的支撑，都可能在联保的规则下面临多米诺骨牌式坍塌的风险。

此类问题发生的关键是信息不通畅导致的监管不力、货权不清和重复质押。如果钢贸企业在多家银行质押，该企业将获得更大的信贷额度，这样就会出现质押物的真空状态。当质押物的价格在上行通道时，出质人还能够还本付息；而当质押物的价格在下行通道时，一旦企业资金链出现问题，就会导致银行信贷风险巨大。在实际操作中，很多银行都没有委托第三方监管公司对质押物进行实时监管，只是派人抽查一下。

质权人、出质人、监管方等之间的信息不通畅，使参与质押融资的各方之间存在隐患。例如，质押凭证不唯一、质押凭证与质押物没法有效对应，这些都会使钢贸企业有机可乘。各方未核验/无法核验质押物的归属，部分货主自我保护意识薄弱，风险发生后，权利方各执一词，凭证雷同，法律诉讼得不到有效举证，进而无法起到相互约束的目的，导致恶性事件频发，阻碍了质押融资的发展步伐。有媒体报道称，钢材的重复质押总额最高时超过社会库存近三倍。

物联网动产质押监管服务确保了质押动产的真实有效与唯一存在。

监管机构通过物联网技术能够对质押动产进行实时感知、无缝监管、信息封装与动态登记，将质押动产的物理状态与对应的质押信息绑定，确保质押动产的客观存在、质押动产与仓单的一一对应、登记对象信息的唯一性。

首先，物联网技术可通过多种手段准确感知到质押动产的客观存在。

在感知科技的“仓单管理平台”上可以看到企业质押动产的存放地理坐标信息与室内的精确位置，实时感知质押动产的各种监管要素的变化，包括重量、位置、轮廓、移动状态等，不同的质押动产对应不同的监管要素。同时，会生成一张监管服务激活时的照片作为监管初始状态的依据之一。“仓单管理平台”会将质押动产所涉及的监管要素物理状态连同监管初始状态的照片打包封装，形成一张电子的“感知仓单”并与质押动产形成唯一对应关系。只要这些监管要素的物理状态不发生变化，就表示质押动产没被人动过，如此一来仓单便无法造假。

其次，物联网技术能够生成唯一的“感知仓单”登记状态描述信息。

一旦“感知仓单”需要进行质押融资，感知科技的“动产质押登记平台”就会将这张“感知仓单”进行结构化登记状态描述，并生成一条已经质押融资的标准化登记状态描述信息。在技术上，所有银行都可以在“动产质押登记平台”上查询仓单信息，以了解其对应的动产是处于已经质押状态还是处于未被质押状态，这样一来就避免了仓单重复质押骗贷的风险。

最后，物联网技术监管规避了人工监管带来的监守自盗的道德风险。

在将动产质押给银行之后，监管报警服务就会被激活，一旦系统感知到在没得到放贷方许可的情况下，质押动产的重量、位置、轮廓、移动状态等这些足以改变货值或质押状态的监管要素发生变化就会自动报警。银行信贷客户经理、监管方和仓储企业都能在第一时间收到报警信息，同时附带的还有此时此刻系统捕获抓拍的“作案现场”的参数变化与照片，可拿来与之前打包封装的信息照片进行比对。当企业偿还了银行贷款之后，系统对货物的报警服务即可解除，企业可正常从仓库出货。

2）感知科技企业简介

企业总部位于上海，专门从事物联网领域的科学研究、模式创新、应用开发、服务运营，是集“研、产、融、商”于一体的创新型大型高科技企业集团。

感知科技的骨干科研团队整建制来自国家专业科研机构，以创新领先的思想和机制聚集了一大批活跃在国际、国内科学研究与技术开发第一线的核心学术及技术骨干，经过长年的科研创新和刻苦攻关，在国际和国内物联网理论研究与标准化领域取得了优势引领地位，掌握着国际物联网顶层架构理论标准体系的主导权。企业经过长期攻关，实现了物联网“共性平台+应用子集”关键技术体系的重大突破和初步产业化，是国家传感网工程技术研究中心和国家环保物联网工程中心“双中心”单位，开创了物联网产业的规模产业化前景，书写了企业跨越式高速发展的篇章。

感知科技率先与相关金融机构合作，在国际首创了物联网金融全新模式的理论研究、技术突破与产业化开拓，开展基于客观诚信体系的物联网金融模式研究与服务实践，在产业界引发了巨大反响，尤其是在当今电子商务方兴未艾，以及由于商业诚信机制崩溃而引发全国范围内的大宗商品贸易融资风潮迭起的大背景下，意义和影响尤为深远。

3）感知科技物联网大宗货物质押监管系统

感知科技的“仓单管理平台”可对大宗货物的重量、位置、轮廓、移动状态等监管要素进行实时感知，生成的“感知仓单”主要包括如下部分。

（1）标准仓单：标准仓单的信息项。

（2）仓位现状和认证状态：每次访问时生成的仓位现状，以及对应仓单的认证状态（见图 4-11）。仓单认证状态是指一旦该仓单所对应货物的重量、位置、轮廓、移动状态等信息被系统感知并进行监管，该仓单的状态就成为认证状态。

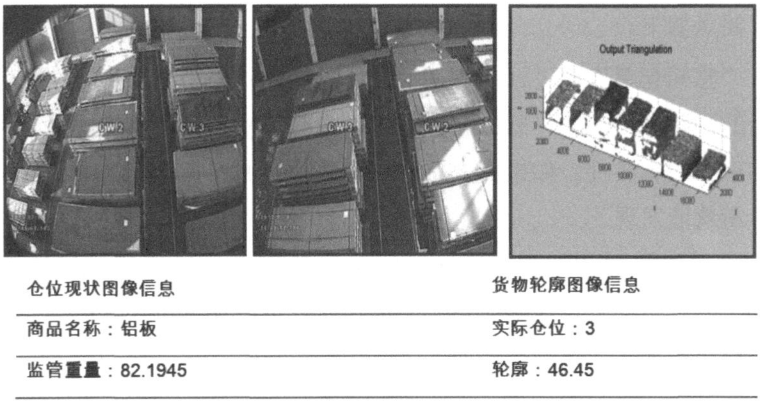

图 4-11　仓位现状和认证状态

（3）仓单历史：该仓单整个生命周期的库存变化，包括仓单货物入库、仓单认证、仓单拆分（动态定额控货监管模式）、仓单合并、仓单明细拆分、仓单质押登记、仓单货物出库等所有对货物及仓单进行操作的完整历史数据记录。

（4）报警信息：报警时的状态描述，包括场内操作机械和设备在无授权任务时启动预警、区域异常报警、货物重量变化报警、货物轮廓形状变化报警等。

报警信息将第一时间被推送至监管方和银行信贷客户经理的手机监管 App“仓押卫士”上（见图 4-12）。

图 4-12　“仓押卫士”App 页面截图

监管要点如下。

（1）“感知仓单”通过标的物入手，可以保障质押动产的真实性，实现早期恶意行为的预防和发现。“感知仓单”可以直接反映质押动产的现状，保障质押动产在物理上的真实性。如果有人恶意重复质押，通过物理上的唯一性保障，监管方很容易就能发现。

（2）通过“感知仓单”来标准化质押动产描述，方便动产质押管理。采用“感知仓单”中的标准仓单描述模式描述质押动产，可以规范化、结构化、标准化仓单格式，便于质押动产状态的查询及数据分析和利用。

（3）“感知仓单”可以为质权人等利益相关方提供延伸服务。质权人等利益相关方通过“感知仓单”可以查看质押动产的实时状态、报警信息、仓单历史等。

4）感知科技物联网车辆质押监管系统

以往 4S 店多半通过贷款购买汽车，在车辆售出还款前，汽车属于银行质押的资产。银行需要派专人到店里盘点，人工查验车架号。但在现实中往往会因为库存车辆太多，银行盘点起来费时费力，具有一定的操作难度。在物联网金融模式下，感知科技研发出一套物联网车辆质押监管系统，给待售汽车构筑一个“虚拟围栏”，使监管方对库存现场的情况一目了然。

质押车辆有任何违规操作或异常情况，系统默认车辆属于非法状态，会将相关信息和状态上传到云端管理平台，然后以约定的报警形式显现出来，这样监管方不用到现场就可以掌握车辆的状态。

核心产品构成如下。

（1）“车押卫士”监管终端（见图 4-13）。

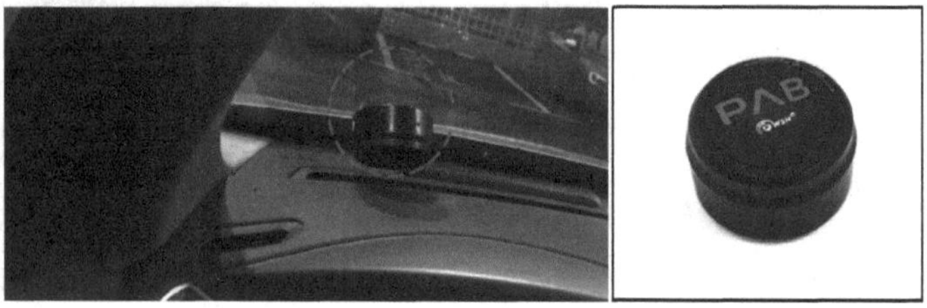

图 4-13　“车押卫士”监管终端

①内置多传感器姿态信息融合+感知协同算法处理。

②小型化设计+智能能源管理+全时全域服务+多网动态融合。

③安装便捷可靠+移动服务灵活+智能防拆管理。

（2）质押车辆状态综合监管平台。

①互联网+物联网 O2O 监管业务提供。

②车辆与终端违规行为或异常现象判定和报警。

③行为与业务全程跟踪。

（3）监管平台可实现的功能特点：可灵活设置报警与提示管理策略。

（4）Android/iOS 手机客户端 App。

①汽车经销商或监管方现场移动 O2O 业务提供。

②相关业务启动、加载与撤销+现场自动匹配确认。

③车辆状态同步采集+移动业务状态监管。

应用价值如下。

对银行来说，“车押卫士”可提供安全可靠、便捷有效、全程全域无遗漏的风险管理；有效控制风险，降低总体业务成本，优化客户体验；提高客户忠诚度，提升业务便捷性，扩展业务推广渠道，大幅提升收益水平及市场占有率。

对汽车经销商来说，“车押卫士”可逐步代替人工监管方式，在强化监管水平的同时降低监管费用；消除监管对业务的限制与干扰，提升可操作性和便捷性；降低企业融资成本，方便质押融资业务的开展，有效开拓融资空间，扩大融资规模，提高融资效率。

对监管方来说，“车押卫士”可加大监管力度，减少监管人员数量，降低成本并控制风险；使监管企业在时间与空间两个维度大幅扩展业务范围，提高监管能力、经营效率和收益水平；提升银行及客户的满意度，提高市场占有率。

5）客户价值与前景展望

2015 年 6 月 29 日，平安银行联合感知科技在上海重磅发布这一创新成果——物联网动产质押监管服务。该服务通过物联网技术赋予动产以不动产的属性，变革供应链金融模式，带来质押融资业务的新发展。通过同行业横向对比，感知科技的动产优势明显在核心的质押风险管理方面具备不可替代的独创性。感知科技的物联网动产质押监管服务在监管技术手段、监管颗粒度及精细化程度、监管要素、监管强度及质押风险管理等方面，相比典型的智能仓库均具备明显优势。

该服务通过对货物轮廓属性和操作属性的高效管理，能够实现对质押动产实时、有效的严密监管，有效解决了长期困扰银行的质押融资业务中的信息不对称问题，满足了银行对质押动产的管理要求。物联网动产质押监管服务是物联网技术应用的新成果，不仅在国内属于首创，在国际上也处于领先地位，具有极高的社会价值。该系统极大地提高了银行质押融资业务的风险防控能力，并从根本上改变了银行质押融资业务的管理方式。

物联网动产质押监管仓库为银行、商贸企业、监管方、仓储企业都带来了好处。银行会有更多的贷款业务、更低的质押风险、更多的业务渠道和更好的客户体验；商贸企业会得到更容易的贷款、便捷高效的放款手续、灵活的动产质押贷款方式、更低的监管成本；监管方可以有更高的监管效率、更少的监管人员、更低的监管成本与投入、更多的监管业务；仓储企业则能获得更多的业务吞吐量、更高的管理效率。

感知科技物联网监管技术与服务的支持，将从技术上推动动产质押业务由现有的自发自主描述化的模式向标准化、结构化确认的模式转变，大幅提升管理服务的便利性和有效性。同时，能够推动动产质押监管从弱效力向强效力、从无监管向有监管、从公示力向公信力的延伸，为未来面向社会和商业银行的信用管理业务需求的衍生服务开辟了广阔的空间。该物联网监管技术与服务已被纳入银行信用管理体系，在扩展动产质押业务的同时，有助于逐步推动我国金融行业客观信用体系的建立。

4.6.4　区块链在公益行业的应用

当前，公益组织面临的突出问题是信息公开程度低、缺乏监管手段。传统公益组织的监管机制缺位，公信力不足。据调查，公益组织的资金去向与使用状况及善款来源是公众关注的焦点，而传统公益组织经常出现信息披露不足问题。物资来源不透明、去向不可知、信息公开不及时，以及政府对慈善组织的监管手段缺乏、社会监督力量薄弱，导致公益组织的公信力下降，影响了公众对公益组织的信心与支持度。

公益组织大多没有进行数字化技术改造，仍采用原始统计分配方式，效率低下，运营成本高，传统捐赠流程烦琐，工作方式落后。例如，在一些突发的重大公共卫生事件中，部分省、市红十字会一方面需要接受不同来源的款项和不同类型的物资，另一方面需要根据前线医院的需求清点医疗物资的种类和数量，并对捐赠物资进行分级、分类的库存管理，对响应速度的要求较高。若仍采用手工方式进行表格统计，技术手段落后，人手不足，效率低下。

“互联网+公益”创新模式已经被用到实践中，但同样面临信用风险和监管问题。随着互联网技术的发展，网络公益众筹平台（如轻松筹、水滴筹、爱心筹等）快速发展，有效帮助了数以万计的困难群众，缓解了政府的财政压力，但也暴露出一些问题。例如，互联网的开放性特征使网络公益众筹平台难以对发起者与受益者的信息进行有效筛查，个别求助者虚构病情、部分平台线上业务流程不合规、用户数据被滥用、个别平台涉嫌非法筹集资金等问题频现。这不仅对捐赠人的基本权益造成了侵害，也削弱了群众对网络公益众筹活动的信任，制约了公益事业的可持续发展。因此，急需一种合适的技术手段或合理的机制来解决公众持续增长的公益需求与当前公益组织公信力不足之间的矛盾。

区块链可以实现信息公开，具有成本优势。区块链是一个公开的数据库，天然具有信息透明、可追溯、防篡改的特点，大大降低了信息披露的成本。区块链上的所有信息对全网公开，每笔款项的流通和交易都被存储在链上，每个节点均可对账目进行查看和监督，保证了公益项目的公开性和透明性。捐赠人可以对每笔交易进行查询，追溯物资或款项的发放信息、使用情况等。区块链杜绝了某一个组织或个人操控一个公益项目为自己谋利的可能性。

区块链是密码学、P2P 网络、智能合约、共识机制等技术的集成创新，提供了一种在不可信网络中进行信息与价值传递的可信通道，可以从根本上解决公益行业的信任问题。区块链不仅是一项信息技术，更是一项社会治理规则重构的技术，其核心是基于多种技术组合建立新的信任机制和信息连接方式。区块链具有去中心化、公开透明、信息可追溯、防篡改、通过智能合约自动执行等优势，这些优势可以从根本上解决公益行业的信任难题。将区块链技术应用于公益行业，可以改进公益组织的信息存储与传播方式，实现社会对公益项目资金的实时监管，提升公益组织的公信力，增强公众对公益组织的信任度。

区块链可以实现高效率的多方协调，具有效率优势。利用智能合约自动执行的特性，只需要设定好相关参数就能自动执行，从而降低管理成本，提升执行效率，保障项目的高效运行。例如，医院发出医疗物资需求，利用区块链技术，需求信息被导入智能合约，自动实现对物资募集情况、物流运输、分配验收等全流程进行跟踪，保障项目的顺利运行。

4.6.5 区块链重构碳交易市场

1. 背景

环境经济学为应对气候变化而进行碳减排的思路，是建立碳排放权交易（以下简称“碳交易”）市场。过量碳排放给人类社会带来危害，成本转嫁全社会，导致整体社会福利损失。根据外部性理论和科斯产权理论，碳交易将温室气体排放产生的外部成本内部化，以有关法律或合同为依据，在市场上确定价格并形成碳排放权的自由交易活动。碳减排成本低的企业极力减排，碳减排成本高的企业购买碳排放权履行规定，以达到帕累托最优。碳交易被证明碳减排成本最低。

碳交易市场是由政府主导的基于市场机制的特殊贸易。但在传统模式下，碳交易市场存在以下问题。

1）配额制度不完善

交易者获取信息的成本高，阻碍了交易者参与市场交易的积极性。各交易市场对配额总量、免费配额和有偿配额的比例等信息进行披露不仅存在差别，而且存在选择性。这不仅使各交易市场间存在信息差异，而且低透明度容易导致交易者对市场缺乏信心。此外，不充分的公开信息妨碍了碳排放企业对自己的碳资产进行有效评估和资产管理，只能等到履约日临近时才匆匆进行交易，以弥补自己的配额短缺或卖出超额的配额。我国东西部经济差距大，因此要考虑西部能源企业的承受压力，过于宽松的配额会导致需求过少，形成淡薄交易，而过于紧缩的配额会提高企业的生产和治理成本，抑制经济发展。

2）公平信任度低，降低市场活跃度

传统模式下的碳交易系统容易发生交易信息不对称、交易过程不透明的现象，使数据造假存在可能。另外，交易流程烦琐、监管成本居高不下，在统一的定价没有形成的情况下，市场无法达到统一，致使市场活跃度越来越低。

采用区块链技术解决传统模式中的问题，主要思路如下。

建立完整的碳足迹追溯体系和透明的碳交易市场机制是实现碳达峰、碳中和（以下简称“双碳”）目标的有力抓手。区块链不可篡改、全程可溯的技术特性，能够有效实现碳足迹全生命周期的可信记录、碳排放全要素的可信流转，可以为碳交易提供更安全、更高效、更经济的市场环境，以及可视、可信、可靠的监管环境。依托可信碳排放数据和碳交易数据，将培育创新的碳金融模式，形成覆盖生产端、流通端的碳普惠机制，为我国“双碳”目标的顺利实现提供有力支撑。

2. 区块链解决方案

我国的碳交易市场多为联盟链，即多方参与或分布式的多方参与，其中包括但不限于：国家与地区政府、环境部门、碳交易市场组织者、监管机构、第三方认证机构、第三方核算审计机构、配额买卖双方（多为企业）、物联网自动监控部门。

系统结构层次如下。

（1）应用层：包括碳排放配额登记平台、国家核证自愿减排量（CCER）项目交易登记平台、全国/区域碳交易系统、第三方认证机构、政府/控排企业。在 SDK 接入（利用第三方的平台登录）的情况下，监管机构进行数据解析与配额核查，运用各角色（政府、控排企业、监管机构、第三方认证机构）身份的密钥管理生成签名和信息发送到对应节点进行信息的加密存储。

（2）数据层：自动监控和审查碳排放数据因子、碳排放权分配/交易/拍卖/清缴数据，建立企业和机构红黑名单，将数据可视化，并进行分布式记账。

（3）区块链核心层：运用 P2P 网络的事件广播通知机制，基于多种安全机制进行权限管理，对区块链实现智能合约，促使多方采用共识机制，建立分布式存储的数据库。

（4）环境层：互联网、物联网、云平台相结合。

（5）扩展层：合理运用碳积分制度进行履约考核、账本查询及多重签名下的角色权限管理。

系统主要功能如下。

1）配额、CCER 项目的登记

参与方：国家与地区政府、环境部门、控排企业、第三方核算审计机构。

采用方法：免费分配、历史法、基准线法、哈希算法、广播机制、有偿分配、拍卖、物联网、数据共享。

（1）结合先进的物联网探测技术核查温室气体排放数据，并通过多个传感器将采集数据直接上链。采用历史法（按照控排企业的历史排放水平核定碳排放配额，适用于生产特征复杂产品的行业，如办公建筑与铁路站点）与基准线法（按照行业基准排放强度核定碳排放配额，适用于生产流程及产品样式、规模标准化的行业，如电力火力、重工企业）对控排企业制定配额。

（2）对各企业与地区配额采用哈希算法，运用其不可篡改的特性进行数据上链及分布式存储，并采用广播机制对各企业进行事件通知。

（3）减排成本不同的企业可将多余的配额与减排量进行拍卖，并登记在CCER项目交易登记平台与碳排放配额登记平台进行挂牌。

（4）由第三方核算审计机构进行核查。

2）权限管理

参与方：政府部门、控排企业、第三方认证机构、监管机构。

采用方法：密钥管理、共识机制、节点管理。

（1）区块链的参与方只有进行身份和角色认证之后才可以参与到区块链的交易和共识中，通过第三方认证机构颁发数字证书。

（2）将数字证书使用证书密钥安装到参与节点，验证数字证书的有效期限、允许使用的来源域名。

（3）若验证失败，则禁止访问与参与；若验证成功，则该节点能够在网络层与其他节点联通并建立通信对话，由对应链上的访问控制层访问角色。

（4）控排企业作为用户节点，能够发送和接收交易信息，记录本节点与其他节点的交易事项，维护本地账本，对链上其他透明交易进行账本查询和挂牌查询，享受平台服务；政府部门、第三方认证机构和监管机构作为协调节点，能够对系统交易、登记信息进行合规性审查、交易验证，维持系统的安全性；碳交易市场组织者与区块链公司（非参与方）作为超级节点，拥有系统最高数据访问权限，能够修改或删除交易信息、仲裁交易纠纷，负责制定宏观的碳交易政策，协调系统和其他机构的对接。

（5）多方达成共识机制，区块链让普通参与方无法获取标的来源和交易历史，保证商业秘密。已授权的意向购买方可验证真实性，已授权的第三方可验证碳排放对应的CCER项目减排信息，进行实时监管。

3）配额与CCER项目的交易

参与方：政府部门、控排企业、第三方认证机构、监管机构。

采用方法：联盟链、加密算法、节点管理、智能合约。

（1）配额交易过程、数量、价格等信息和所有权信息实时记录到联盟链上，由交易平台的私钥进行数字签名。

（2）各市场间通过联盟链集成并通过智能合约定义规则，各节点按照共识机制完成对信息的可靠性和一致性背书，由第三方认证机构进行认证。

（3）节点发送广播报文到共识层，由协调节点及相关接收节点进行校验，校验通过后在交易时触发智能合约，将交易信息写入分布式的区块中，交易完成。

（4）通过加密算法形成的交易信息可追溯、公开透明，且实行分布式记账，保障了碳交易市场的安全可靠性。

4）配额清缴

参与方：政府部门、控排企业、第三方核算审计机构、监管机构、物联网自动监控部门。

采用方法：加密算法、共识机制、节点管理、智能合约、物联网。

（1）引入物联网探测技术和分布式传感器对控排企业的碳排放水平、排放数据因子进行记录，并由第三方核算审计机构进行实时计算核销。

（2）完成审定的控排企业备案并登记在区块链上，对未按时清缴的控排企业根据当地政策实施惩罚，若多次无法按时按需核销则可对其进行运营限制、资金惩罚。

5）碳积分制

参与方：政府部门、控排企业、第三方核算审计机构、监管机构。

采用方法：加密算法、共识机制、节点管理、智能合约、权限管理、分布式存储。

（1）由平台备案记录自动生成碳积分制，该积分由监管机构和第三方核算审计机构共同制定，对清缴行为进行合理的奖惩，发放津贴，引导控排企业减排升级。

（2）对于减排成本较高或未按时清缴、预借的控排企业，可以着重发展碳汇行业，如规定提高森林覆盖率，达到吸收 CO_2 排放量的目的。该计算过程由自动监控系统进行核算，相关数据记录上链，形成红黑名单。

3. 应用价值

1）提升信息透明度，保证价格信息真实可靠

在区块链碳交易模式下，所有碳交易相关信息基于区块链分布式账本技术，

被分散保存到多个节点，构成一条数据链，避免中心节点对信息真实性的过度干预。同时，数据链上分布的信息由所有参与主体共同维护，各授权用户都有权查询碳交易和碳排放历史信息，实现了信息的集体监督，极大地提升了信息的公开性和透明度。此外，区块链上的信息在加盖时间戳后就具有了历史追溯功能，实现了信息的跟踪、溯源，加大了信息造假的成本和难度。

2）降低信息管理和监督成本，增强碳交易市场的活跃性

从碳排放的角度来看，我国的碳排放主要来源于自发电供热部门。为了实现“双碳”目标，要推进工业绿色升级，鼓励绿色低碳技术研发。在区块链的引入下，碳交易市场会变得更加活跃，从而加大各企业自愿减排的力度，同时引入林业碳汇，对整个碳交易市场产业链的重组、重构都有深刻影响。在区块链碳交易模式下，分布式记账的数据存储方式会减少对中心节点的依赖，在集体监督和可追溯的条件下，弱化了监管机构的作用，有效降低了监管机构的建设成本。在交易的过程中，省去中介机构的撮合环节，运用智能合约大大提高交易效率，增强碳交易市场活力。

3）促进建立统一碳价的市场化机制

传统碳交易环境下的中心化有区域性限制，从而使地区碳价差异逐渐增大。将区块链技术引入碳交易，不仅会扩大交易范围，而且随着全民监督的共享式碳交易平台的建立，能为传统碳交易提供数据溯源、防篡改、分布式参与、去中心化数据存储和数据查看的新特性，为开放与合理的碳交易环境提供技术支撑，从而形成统一碳价的市场化机制。

4）碳排放权链上交易，构建高效的碳交易市场

基于区块链的碳交易市场兼顾公开性和隐匿性且易于监管，交易过程公开透明且便于用户与监管机构查询，良好的去中心化结构逐渐取代了高价的中介机构，降低人工查询的工作强度；物联网的自动监控系统杜绝了数据造假、违报谎报，助力实现环境可持续发展的目标，促使控排企业通过碳交易提高获利能力。区块链对接与 CCER 项目相关的贷款、保险、投资金融平台，能够有效地推进我国经济发展。

区块链技术可以助力构建可信、高效的碳交易平台，通过对碳资产和碳排放权进行实时、透明、不可篡改的管理，增强碳交易市场活力，打造碳交易主体、交易机构、政府等多方共建及灵活互动的碳交易模式，实现从排放权获取、交易、流通，到交易核销、统计的全流程数据上链存储与可信共享应用，让碳排放配额

在“有目共睹”的情况下进行交易。

4.6.6　京东电子商务平台应用

京东从自身生态应用出发，提出从可信供应链到数字金融的区块链实践路径，并以可创造持续价值的判断标准出发，打造了一系列经典的标杆案例和典型应用。

1）精准扶贫

京东在国家级贫困县落地“跑步鸡”“游水鸭”“飞翔鸽”等项目，为养殖过程量身打造了移动端的养殖管理系统，借助计步脚环等物联网设备，结合视频溯源技术，实时采集家禽的喂食、饮水、除虫等信息并及时同步到区块链账本中，整合加工、包装、仓储物流等真实信息。消费者通过扫码即可了解所购农产品的养殖过程、生长环境等不可篡改的真实图文信息，大大提升了其对农产品品质的信心。这些项目在确保农产品品质的同时提升了农产品的溢价能力，从而提升了市场的认可度，为贫困地区的农民增加了收入。

2）食品安全

针对白酒、奶粉、加工食品等领域假货频发的问题，京东与相关企业联合将食品生产加工信息、仓储物流信息、交易信息整合并记录在区块链账本中，通过追溯码将信息串联并展示给消费者，让消费者清晰地看到每份食品的流转过程，对食品质量问题进行精准的追踪定责。例如，针对进口燕窝商品，京东与中国检验检疫科学研究院联合，将食品原材料、生产、进出口、京东仓储出入库、订单、物流等信息写入区块链，将全程品质追溯信息展示给消费者，提升消费者的信心。

3）跨境商品

跨境商品具有极大的市场潜力。随着假冒及走私商品频繁出现，消费者难以考证跨境商品的来源，无法辨别跨境商品的真伪，担心跨境商品的品质。而伪品也给生产企业造成了巨大的损失。京东联合品牌商将跨境商品流通的全过程打通，将海外运输、保税仓仓储、海关报关、国内运输等信息整合写入区块链账本中，保证信息不被伪造和篡改。消费者可全面、及时地了解到跨境商品的来源、政府监管记录、运输过程等，提高了其购买跨境商品的信心。

4）时尚领域

针对钟表、珠宝等高值商品，京东联合供货商及权威检测机构，将商品供货来源、品质检测、仓储物流等信息整合并记录在区块链账本中，在确保商品为正品的同时，为出现问题的商品售后及逆向溯源提供支持。通过对消费者收货时间的记录，确定每件商品的质保时间。通过一物一码与订单的关联，确定消费者退货商品是否为售出商品，解决“买真退假”的问题。通过供货渠道的记录，锁定问题商品的来源，从而降低售后及逆向溯源的成本。

5）医药追溯

京东将联盟链网络应用于医药供应链，能够保障链中节点医药交易的合法性。交易主体在加入时均需要提供合法身份验证，通过应用电子证书、电子签名等技术，解决主体身份合法这一基础性问题。区块链的分布式存储特性提高了药品追溯信息的可信度，将供应链中所有通过合法身份验证的参与者，包括生产商、物流服务商、经销商、零售商及第三方监管机构都纳为节点，共同参与维护记账权、交易权。将每笔合法交易实时记录上链，降低了单独故障带来的数据灾难风险，同时上链数据经过多个节点同步存储，通过各个节点之间的相互见证实现联盟链中的信任背书。追溯数据可通过任何一个参与者进行链上验证，实现药品“来源可查、去向可追、责任可究”。

遵循国家药品监督管理局的监管要求，京东基于区块链技术建立了医药追溯平台，适用于中国医药市场，兼容多种药品编码标识，可实现医药供应链的可视化管理。该平台服务于药品及原料生产厂商、经销商、零售商、医院、患者及政府监管机构。

药品生产厂商采集产线生产信息并与药品追溯码关联，将药品批次、有效期等追溯信息上链，确保信息不被篡改，联盟链中的经销商经过授权可以在其节点共享药品追溯信息。当双方产生关联交易时，可以在就近节点进行快速校验，形成校验的药品追溯信息并被识别为已交易状态，连同交易实体信息记录上链，随后的交易环节都将循环此模式，直到患者依据处方获得药品。患者可以扫描追溯码查验药品真伪，还可以看到生产、流通等各环节的关键追溯信息。

区块链技术融合共识机制、分布式存储、点对点传输和加密算法等多项基础技术，天然适用于零售供应链的端到端信息管理。京东通过建立适用于零售碎片化数据采集、存储和展示的区块链底层及防伪追溯应用平台，基于各方数据节点进行持续扩展，将品牌商、监管机构、第三方认证机构逐步部署成联盟链节点，形成社会化的区块链防伪与追溯网络，为消费者的每笔购买行为保驾护航。

第5章

电子商务价值转移——数字票据

5.1 票据基础

5.1.1 票据的概念

《中华人民共和国票据法》（以下简称《票据法》）第二条规定："本法所称票据，是指汇票、本票和支票。"可见，《票据法》采用列举式的立法模式对票据的概念进行了界定，这就为票据形式的多样化提供了可能。随着科学技术的发展，区块链技术应运而生，它一出现便被认为是对传统票据改造升级的有力武器。

《票据法》对"票据"这一概念只进行了词语性定义而没有进行实质性定义。在实质意义上，可以认为票据是汇票、本票和支票的总称，是指出票人依据票据法签发的、约定由自己或委托他人于见票时或于确定的日期，向持票人或收款人无条件支付一定金额的有价证券。总之，票据是一种见票即付的有价证券，具有融资和支付双重属性。广义的票据包括所有能使财产权利证券化并具有支付功能的证券，如汇票、本票、支票、提单、仓单、保函等，狭义的票据专指票据法规定的票据。

票据的制作格式和记载事项由法律严格规定，若不按法律规定编制制作格式和记载事项，则会影响票据的效力，甚至会造成票据无效。此外，票据的签发、转让、承兑等行为也必须严格按照法律规定的程序和方式进行方为有效。票据的法律关系概括起来分为两类：一类是付款请求权和付款义务，另一类是追索权和偿付义务。

《票据法》中并没有“电子票据”这一概念，仅在中国人民银行的规章中有类似概念——电子商业汇票。众所周知，比特币采用公开链的形式，接入区块链的每个节点都是公开的，是一种完全去中心化的存在模式。数字票据也是基于公开链的形式而设立的，但是由于我国的特殊国情，中国人民银行需要对票据市场进行监管，这时便引入联盟链。在联盟链的形式中，有某些特殊的节点，即监管节点，这些节点相比一般的用户拥有更高的权限。基于这些节点，从数字票据的出票到开展相关票据业务等全流程，监管部门都可以对其实施有效的监管，从而规范票据市场。

5.1.2 票据的功能

票据具有“一手交票、一手交货”的特点，票据为交换和贸易而生。票据是信用的载体，信用决定是票据的功能与表现形式。随着信用关系和信用制度的不断变化，票据的功能也在不断变化，发展出支付、结算、融资等功能。

早期的票据用以避免在长途贸易中转运货币产生的费用和风险，即汇兑票据，用来解决异地之间金钱的兑取和兑换。所以，商业票据可代替现金行使流通和支付功能，是表明债权、债务关系的信用工具。商业信用是信用制度的基础，商业票据则是在商业信用基础上所产生的最有代表性的信用工具。

票据有如下功能。

1）支付功能

票据确立背书制度实现流通，代替现金支付开始具有支付功能。

2）结算功能

随着贸易的进一步繁荣，当事人在多次贸易中存在相互欠款或相互支付关系时，可通过票据交换冲减和抵消相互之间的债务，票据由此具有结算功能。

3）融资功能

西方经济发达体的经验表明，票据的核心功能最终演化为融资功能。银行的信用与企业相比具有独有的优势，所以银行信用的介入可以弥补商业信用的不足，有助于促进交易的达成。同时，银行通过票据贴现可以满足票据未到期而持票人急需现金的需求，票据的融资功能得以进一步发展。

银行信用弥补了商业信用的不足，具有无因性的特点。在市场经济较发达的阶段，银行信用逐步取代商业信用，发展成为市场经济中重要的信用形式。

5.1.3　票据的无因性

1．无因性的定义

无因性是指票据上的法律关系只是单纯的金钱支付关系，权利人享有票据权利只以持有票据为必要，至于权利人取得票据的原因均可不问。无因性保障了交易的安全性，维护了权利的流动性和安全性。

票据的生命力在于其具有流通性，而无因性是票据的“灵魂”。票据是金融业基础性的信息载体，要达到较高的流通性，必须具有无因性。无因性在票据的流通过程中起着关键作用，是票据具有较高流通性的基础和前提，被世界上绝大多数国家的票据法所采用。将财产权利证券化的关键也在于无因性。

票据行为的无因性是指票据权利的成就不问票据行为产生所依赖的基础关系，只要票据行为本身符合法律规定即可。因此，在传统的票据体系中，权利人只需持有并出示票据即可行使票据权利，义务人不能以票据基础关系不存在为由进行抗辩而不履行票据义务，这是票据得以快捷流通的本质保障。

合法持有是无因性的前提。持有票据的人行使权利时无须证明其取得票据的原因，但法律规定的除外。《票据法》第十二条规定：“以欺诈、偷盗或者胁迫等手段取得票据的，或者明知有前列情形，出于恶意取得票据的，不得享有票据权利。持票人因重大过失取得不符合本法规定的票据的，也不得享有票据权利。”

无因性强调票据关系与基础关系分离，深化其独立性的特征。票据关系的独立性表现为各个票据关系独立地表现其权利义务关系，即使与之密切联系的其他票据行为存在瑕疵，也不会对票据上的其他当事人的签章产生影响。

票据上记载的票据行为不得附生效条件，否则就会使票据的无因性理论形同虚设。从我国的票据法规中也可以看出，我国法律禁止对票据行为（如背书、承兑、保证等）附生效条件，若附生效条件则该票据行为归于无效或者所附生效条件无法律效力。

2．无因性的重要价值

从票据的起源来看，其最早出现时为权利凭证，具有兑换功能。但比兑换功能更为重要的是将票据背书转让且及时获得流通性，背书转让制度的产生极大地促进了票据的广泛使用和流通。票据轻便灵活，可促进工业化社会商品贸易快速流通。

发挥票据的流通性，关键在于必须将票据的基础关系与票据本身分开，避免票据的基础关系对票据本身产生限制。为避免出现争议，需要对票据的形式要件进行规定。票据交易是价值的交易，只有尽量减少价值的不确定性因素才能促进票据流通，这是票据无因性产生的现实需求。

票据的无因性使债权人没有义务来证明该债权所依据的原因关系是否存在、是否有效。从本质上讲，票据的签发、转让等行为就是一种无因契约行为，票据一旦被制作并交付给相对人，相对人便有权行使该票据上记载的权利，而并不需要证明获得该票据权利的原因。

5.2 电子票据

1. 纸质票据概述

纸质票据是一种权利凭证，但因其具有外在的纸质载体，在设定质权时与动产一样能够被转移和占有，能够从物理上判断已经完成了交付，所以它具有形式上的效力。“背书”是我国票据质押的方式。《票据法》及《最高人民法院关于审理票据纠纷案件若干问题的规定》均规定票据的质押需要“背书”，如果“背书”非法无效，则质押便不成立。“背书”的要件是亲笔签章（签名、盖章或者签名加盖章）。但由于我国印章文化的普遍性，印章被大量使用，而印章本身的真假难以保证，这就给假票据质押留下了足够的空间。

2. 电子票据概述

电子票据是对纸质票据的替代，涵盖出票、流通、委托收款、质押、贴现、承兑等多个环节，承担纸质票据原有的部分流通与支付功能。电子票据以电子签名为基础，再通过电子方式依法发出票据流通和支付指令来完成交易。

电子票据可以解决纸质票据无法解决的签章作假、票据作假、票据“克隆”等问题，有效规避票据遗失、损坏、诈骗等问题。电子票据适应电子商务和网络信息时代的发展，并迅速发展成电子商务交易中重要的支付与结算工具。

但电子票据并不存在于真实世界中，电子票据的交付并非物理上、形式上的转移和占有，而是在虚拟世界中的传输过程，在真实世界中无法被感知到，其对外界公示的效力弱于纸质票据。如果除线上交易外，还要求线下也走一套相同的纸质交付流程，这既增加了交易成本，也使电子票据的优势不再起作用。

电子票据系统的建立和监管具有权威性。电子票据系统经具有公权性质的中国人民银行批准建立，并由中国人民银行指定和监管。中国人民银行的身份为电子票据系统增添了公信力，使其具有一定的权威性。电子票据的质押需要在电子票据系统中进行登记，票据质押从登记时设立，以“登记”的形式来代替纸质票据的“交付”和“背书”，但出质人与质权人仍然需要签订电子版或纸质版的质押合同。

2009 年，电子商业汇票系统的问世与使用标志着我国开启电子票据的全新篇章，同年中国人民银行签署《电子商业汇票业务管理办法》。作为电子票据运行与操作的依托系统，电子商业汇票系统有以下三大功能。

（1）处理电子票据业务功能。

（2）登记、查询纸质商业汇票功能。

（3）公开商业汇票报价功能。

2016 年，中国人民银行牵头筹建上海票据交易所。目前，上海票据交易所已成为全国统一的票据交易平台，长期在网络上提供票据交易、登记托管、票据状态查询等服务。

电子票据系统的建立和监管极大地促进了我国电子票据市场的发展。最近几年来，我国的电子票据业务呈现跨越式发展，电子票据正逐步取代纸质票据占据市场主导地位。

与纸质票据相比，电子票据的特点如下。

1）交易效率与安全性高

电子票据交易的成本远低于纸质票据交易，而效率远高于纸质票据交易。电子票据不存在签章作假、票据作假、票据“克隆”等问题，具有较高的安全性。

2）具有网络依附性

电子票据实际上是一种无纸化的支付与结算工具，这一点是电子票据与纸质票据区别最大的地方。电子票据具有极强的网络依附性，离开了网络的传递，电子票据的操作将受到阻碍。网络依附性成为电子票据最重要的特点之一。

3）流通性差

纸质票据的流通以人工传递为主。从流通范围上看，电子票据不像纸质票据那样可以相对随意地流通，而是受各银行电子票据使用系统不统一、尚没有互相联通等因素的影响，在流通环节仍然不够自如。

4）受监管程度更高

纸质票据的传递过程缓慢、交易时间长，在发生风险后通常无法及时传递给监管部门。而电子票据可以实时监控，监管部门在后台可以随时对电子票据的交易情况进行监督。

【案例】某集团企业开展理财业务遭遇“萝卜章”骗局

2016 年 3 月，某集团企业一行四人为办理涉及 7 亿元的理财项目来到某银行办公大楼，由一名自称“银行客户经理”的陈某接待，并在行长办公室与“黄行长”进行了洽谈。“黄行长”和“陈经理”对所有提问都应对自如，并无任何问题。之后，该集团企业提出要求当面签署涉及 7 亿元项目的承诺函，“黄行长”拿出公章并在核对后盖章。同座还有不少“专业演员”，扮演银行职员。其后，该集团企业旗下一家公司又购买了该银行 10 亿元的理财信托产品。直到 2017 年 6 月，骗局才被发现。

行骗人利用银行办公场所，并在该场所进行“角色扮演”，竟然取得了受骗人的关键信任票。从技术角度来看，人员、场所、盖章等传统的线下手工方式仍然不能保证交易和票据的真实性，这使传统的信用技术遭遇极大的信用危机。在信息化时代，假票据、“克隆”票据仍旧存在，如何保证虚拟世界中单证及信息的合法、有效性，是网络经济急需解决的关键问题之一。

5.3 基于区块链技术的数字票据创新

当用通证来代表“票据”时，其代表的是真实的、有价值的资产。资产只有被创造出来之后，才能特定化为“数字资产”，即数字票据。也就是说，以通证形式表达的数字票据，必须有对等的价值。持票人获得数字票据，是这一对等价值的电子化形式的权利证明。

5.3.1　数字票据的内涵

数字票据不是一种新的实物票据，亦非对电子票据的加密存储，它利用分布式记账原理，以区块链技术实现现有的票据行为。数字票据与现有的电子票据相比技术架构不同，能够实现电子票据的所有功能和优点，也能基本弥补电子票据的不足，是一种更安全、更便捷的票据形态，在金融交易中具有独特的优势。数字票据只要在联网条件下就可以进行交易。电子票据的电子化提高了交易效率，数字票据在这一点上与电子票据相同。

数字票据的基础属性依然是票据。

（1）数字票据属于设权证券、文义证券、要式证券、无因证券、提示证券、流通证券，票据的本质属性并没有发生实质的改变。

（2）数字票据的交易行为与传统票据（主要指纸质票据）一样，即必须具有无因性、文义性、要式性、独立性等票据法规定的特征。

（3）数字票据的背书转让同样需要遵循权利不可分及背书连续等一般的规范，权利转移、权利证明、权利担保等效力与传统票据完全相同。

数字票据在形式上与纸质票据、电子票据有所区别。任何形式的票据都是对财产权利进行证券化的产物，但可以存在证券化在技术与路径上的差别。任何技术与路径的改变，都将在法律特性上表现出极大的差别。因此，数字票据在法律和管理上具有更优秀的新内容、新内涵、新行为。

数字票据在形式上的改变，目的是更好地实现票据权利的产生、转让与交付，更好地实现支付、结算、汇兑、信用、融资等功能。区块链技术以分布式记账为基础，再结合智能合约功能，具有去中心化、自信任、防篡改等特性，这与票据的某些属性天然契合，甚至在很大程度上颠覆了传统的票据交易规则与模式，如票据的拆分、流通效率。

从法律性质上推敲，数字票据并未颠覆传统的票据制度，只是因其存在形式的特殊性和对交易模式的突破，所以与传统的票据制度之间开始出现冲突。

与电子票据相比，去中心化（弱中心化）是数字票据的本质特征。区块链数字票据系统依赖分布式记账和账本共享，无须其他中心化机构或第三方机构来认证交易过程，实现基于技术自治的点对点交易；利用智能合约实现票据的流通，以编程的方式来进行更为复杂的控制，实现更高级别的智能化。

数字票据应当遵守票据的无因性原则，这在数字票据权利的产生、取得、行使和转让的整个流通过程中都有所体现。具体而言，表现在以下几个方面。

1）数字票据权利的产生

数字票据的出票、背书、承兑等行为均在区块链数字票据系统中通过电子指令的方式完成。出票人成功签发具备法定记载事项的数字票据后，通过区块链数字票据系统，将其以电子数据的形式传达到各个票据当事人的系统中，即完成相应的票据行为。此时，票据行为产生的基础关系并未在系统中得以体现，但这也并未妨碍票据权利的产生。因此，数字票据权利的产生应当遵守票据的无因性原则。

2）数字票据权利的取得

在传统的票据法理论中，持票人只要持有票据便可享有票据权利，除《票据法》第十二条规定的情形外。也就是说，只要票据权利人通过合法的手段取得票据，便当然地享有票据权利。由于数字票据的安全性高，票据失窃、被盗几乎是不可能的事情，所以数字票据权利的取得同样应当遵守票据的无因性原则。

3）数字票据权利的行使

相关法律规定，票据权利人可以直接要求票据债务人支付票面所记载的金额以实现自己的票据权利，票据债务人必须履行且不得以票据基础关系不存在等为由进行抗辩。这是为了保证票据的安全、快捷流通。在数字票据的规则体系下，仍应当遵守票据的无因性原则，即数字票据的权利人在行使票据权利时，不用证明票据基础关系的存在。

4）数字票据权利的转让

票据的转让无须通知票据债务人，只需通过背书即可实现票据权利的让与。这是由票据的流通性强这一特点决定的，数字票据同样应当适用该规则。

5.3.2 数字票据的特点

作为票据的新型发展形式，数字票据离不开区块链技术的产生与发展。结合区块链的去中心化、不可篡改、智能合约等特性对传统票据进行彻底的电子化变革，从而产生了这种全新的数字票据形式。不过，这种形式上的改变并未更改传统票据的根本属性及其原有的功能。数字票据同样具有支付、结算、融资等功能，仍是财产权利证券化的产物。但是，由于形式和操作方法的改变，数字票据又有一些新的特点。

1）无形性

基于区块链技术的数字票据是无纸化的票据。在传统票据模式下，纸质票据是承载票据权利与义务的载体，一旦持票人丢失票据，则其票据权利将受到一定的限制，甚至会丧失票据权利。而数字票据以电子数据为载体，通过对这些电子数据在特定计算机系统里进行传输来实现其功能。出票人只需登录区块链数字票据系统就可以完成“出票”行为，收款人实时在该系统中接收并对票据进行“持有”。同样，其他的票据行为如背书、保证、质押等，也可以在区块链数字票据系统内“一键完成”。在数字票据模式下，票据交易完全脱离了传统的纸张传递，取而代之的是电子数据的传输，出票行为、持票行为都在网络云端进行，这就避免了诸如背书不连续、期后背书、涂改或伪造签名等传统票据中容易出现的欺骗行为。所以说，数字票据是无纸化的票据，这是其与传统票据最大的区别。

2）效率性

传统票据从出票到承兑再到完成各种票据行为的全过程，均离不开物理形式的接触，即每个票据行为都必须至少由两人在同一时间或同一空间共同完成，这就使票据交易受到了很大的限制，导致交易效率低下，进而导致资金流通不畅，造成融资难等问题。而基于区块链技术的数字票据，只要有相应的计算机和互联网接入区块链数字票据系统，就可以在一瞬间完成一系列票据行为，这种操作使票据的人工传递时间大为缩短，极大地加快了票据的传输速度，提高了效率。

同时，数字票据的安全性较高，不需要单独进行身份真伪验证等工作，这也大大提高了效率。

3）安全性

安全性是数字票据被设计使用的初衷，也是数字票据最重要的特点。由于传统票据纸质载体的局限性，票据丢失、毁坏、倒签、伪造等情况时有发生。2016年我国发生的几起票据风险事件彻底暴露出传统票据安全性不高的缺点，加之票据作为有价证券在市场上具有流通属性，通常需要通过转让、质押、贴现等手段完成融资，而融资方所获得的市场信息有限，这就导致大量票据中介的出现。这些票据中介大都隐藏在票据市场的“阴暗角落”，躲避区块链背景下数字票据制度的监管，采用各种非法手段，如恶意催告、一票多卖、伪造票据等获取利益，造成了票据市场的混乱，极大地危害了广大票据权利人的合法权益。

数字票据可以有效解决上述问题。

首先，数字票据以电子数据的形式存在，每个票据行为都会在区块链数字票据系统的节点上进行存储和确认，并加盖时间戳，使票据不再有丢失、毁坏、倒签、伪造等风险。

其次，区块链具有“去中心化”的优点，采用分布式记账的操作系统，没有中心服务器，这就避免了中心服务器故障或因被黑客攻击而造成的票据风险。

再次，传统票据经常发生伪造签名的现象，而数字票据的签名采用电子签名的方式，结合区块链技术，每组签名采取“公钥”和“私钥”结合的形式。公钥是连接用户在区块链数字票据系统当中的“哈希值”，私钥为用户个人所持有。只有公钥和私钥同时开启才能进行票据行为，这就使伪造签名成为不可能的事情，加大了盗取的难度，大大提升了安全性。

最后，基于区块链技术的数字票据交易系统信息公开、透明，这就彻底破坏了票据中介生存的“土壤”，使票据市场的乱象得以治理。

4）公开性

由于传统票据的信息相对不公开，许多票据行为在私下进行操作，因此有关部门不能实施有效的监管，这也是导致票据市场乱象的重要原因。相比传统票据，数字票据采用区块链技术，其公开性得到了加强，票据当事人可以随时在系统内查询票据的实时状态及背书、抵押等情况，大大保证了交易安全。同时，数字票据的公开性也意味着相关部门对票据市场的监管更加便利。

5.3.3 数字票据成立规则的创新

1. 票据形式的改变——以电子数据取代纸

票据在很久以前就已经出现，在纸币出现以前，货币一般采用贵金属制成，如黄金、白银等。纸币是由于人们发现金属货币太重不易携带而采用的替代品。票据也是基于交易的便利性而出现的。唐朝的“飞钱”（也称“便钱”）制度，可以看作我国票据的雏形，其本质是一种“汇兑券”。商人在外地经商所赚到的钱，随身携带不安全也不方便，他们便将这些钱存放在类似今天“银行”的机构中。“银行”开具凭证后一分为二，一半由商人本人持有，另一半寄回商人所在地的“银行”，商人回到家乡手持半联票据去当地的“银行”便可取出当时存放的那笔钱。

我国最初的票据以纸质票据为载体，所有的制度设计也是围绕纸质属性来进行的，这也是票据文义性、要式性等基本属性的来源。在传统的票据法理论中，票据的书面行为与票据权利紧密相连，票据行为只有以书面的形式记载于票据之上才发生效力。但随着数字技术的发展，基于区块链技术的电子数据作为记载票据信息的工具，取代了原先的纸。因此，以电子数据取代纸是数字票据最显著的创新，这一创新使传统票据载体的弊端，如易丢失、易毁损等得到有效解决。

2．签章方式的改变——以电子签名取代手写签章

传统的票据法理论崇尚“无签名则无责任”的原则，票据行为人进行的每个票据行为都要有签章，否则票据行为将不发生效力。传统票据通常以签名或盖章的形式对票据行为进行确定。

但数字票据将手写签章取消，代之以电子签名，且电子签名已经得到了我国法律的承认，具有与手写签章同样的法律效力。区块链技术中的非对称加密算法采用两把“钥匙”，一把钥匙是公开的，另一把钥匙是私密的，公开的钥匙用来加密，私密的钥匙用来解密。

数字票据同样遵守票据文义性的规则。在区块链系统中，每张数字票据上都有明确的票面信息记载，电子数据的形式比传统票据上的手写事项更为安全和可靠，使涂改和补充几乎不可能实现。数字票据的当事人可以在区块链系统内清楚地查看票据中记载的内容，明确各自的权利和义务。

5.3.4　遵守票据的签章规则

票据签章是票据的“生命线”。《票据法》第七条明确规定了票据的签章规则：“票据上的签章，为签名、盖章或者签名加盖章。”

票据签章是票据上必须记载的事项之一，缺少签章则会导致票据行为无效。根据票据行为不同，票据的签章主体也不同，出票人在票据签发时在票据上签章、背书人在票据转让时在票据上签章、保证人在票据保证时在票据上签章、承兑人在票据承兑时在票据上签章、代理人在票据代理时在票据上签章。票据签章规则的存在旨在明晰票据行为的主体及票据责任的承担，即“谁签字，谁担责”。

在数字票据中，签章的方式多种多样，如电子指纹、数字密码等，数字票据

的签章方式叫作电子签名。电子签名与亲笔签名有着同样的作用和法律效力。电子签名相比传统票据的签章规则有很多优点，如电子签名不易被伪造、安全性更高，同时电子签名的适用场景更加丰富，使票据的签章更加便捷。但不论如何，数字票据同样应当遵守票据的签章规则。

5.3.5 数字票据对交易模式的突破及应用价值

数字票据在交易模式上是对电子票据的颠覆式突破，主要表现在以下几个方面。

1）弱中心化或去中心化交易

数字票据在联盟链内，系统架构和账本存储采用分布式记账模式。应用系统（代码）无须构建在中心服务器中，既节省了中心应用和接入系统的大量成本，也节省了系统维护和优化的成本，同时避免出现服务器崩溃或被黑客控制的风险。分布式账本也不会因为少数节点出错而影响系统的运转，各个参与者（终端）掌握的就是总账本。

2）信息的完整性、透明性和可验证性

任何价值转移要实现追踪和查询，都需要完整的交易历史信息，且这些信息不能单独保存在某个服务器中或由某个参与者单独控制。分布式账本可实现便利的信息跟踪，对票据流通过程中的责任问题进行快速且清晰的判断，降低法律纠纷的发生频率和取证难度。

3）形成生态信用体系

系统内所有参与者的交易行为和相关数据都被完整、真空、不可篡改地记录下来，对系统内的交易行为具有较大的约束性，有利于形成良好的生态信用体系。

4）丰富的交易功能

智能合约的形式使交易结构更为丰富，可以将难以解决的问题化解为程序可控的简单问题，将复杂的交易流程简化为虚拟化的代码操作等。

区块链技术可以针对人性的弱点，以去中心化、自信任、防篡改机制来主动防止人为的不良干扰，为弥补现行票据交易的不足与缺陷提供了新思路。

基于区块链技术的数字票据的应用价值主要表现在以下几个方面。

1）实现票据价值转移的去中介化

票据是一种有价凭证，在交易中需要一个信用较高的中间人，即“第三方”角色来确保交易双方的身份认证和守信。区块链技术采用分布式账本，一般不需要第三方对账本信息进行监督和验证，实现了价值的点对点之间直接转移。

2）提升交易效率

传统票据在其生命全流程中，从出票到承兑再到其他票据行为，均离不开物理形式的接触，全因在时间和空间上的限制而导致交易效率较低。而分布式记账与传统的系统开发较为不同，无须按“需求—代码—测试—投产—验证”等流程进行，可因其数据与代码的公开性随时审计，省去了确认身份、验证票据真伪等的人力和物力成本，让经营的决策更加简单、直接和有效，使整个票据市场的运作效率比传统的票据流通效率高出很多。

3）改进中心化电子商业汇票交易的不足

我国的电子商业汇票系统属于经典的中心化系统，交易登记和数据交换在中心服务器中完成，所有的票据承兑、交易、托收等环节都需要在电子商业汇票系统中完成。其通道功能、认证和服务与个性化的市场之间存在矛盾。在采用去中心化的分布式账本后，将产生“多中心”模式，对于票据的生命周期（从产生到消亡）更容易管理，且其连续“背书”机制真实反映了票据权利的转移过程。

4）防范风险事件

纸质票据存在“一票多卖”等风险，电子票据存在“打款背书不同步”等风险，而区块链采用不可篡改交易记录的模式，具备公开的记账特性，使交易各方难以产生抵赖行为。

5.3.6　区块链架构下的数字票据

1．时间戳下的数字票据

时间戳可以有效地解决传统票据中频繁出现的期后背书问题。票据过了指示付款期限或被拒绝承兑后，持票人为了自己的利益往往会违规进行期后背书，这不仅损害了后手的利益，也不利于票据市场的稳定。

将时间戳运用到数字票据中后，一旦票据过了指示付款期限或被拒绝承兑，区块链系统就会在票据上加盖时间戳，其后持票人进行的任何操作都不会产生票据效力。时间戳不仅能起到固定票据信息的作用，而且可以在产生票据纠纷时作为一种效力极高的证据。

2. 智能合约下的数字票据

智能合约是一个可以自动执行的计算机程序，它本身就是一个系统参与者，可以接收和存储信息，也可以向外发送信息。这个程序就像一个可以被信任的人，能临时保管资产，总是按照事先的规则执行操作。智能合约实现了在没有中间人的情况下进行交易，大大节约了交易成本，保证了交易安全。

将智能合约运用到数字票据中，可以实现数字票据从出票到承兑的自动化。所有的票据行为都以智能合约的形式被预设于区块链数字票据系统中，票据当事人只需在系统内完成相应的操作，数字票据就会严格按照智能合约的指令进行流通，这将大大提高票据的流通效率。

3. 分布式账本下的数字票据

纸质票据的安全性较低，而电子票据中存在的“背飞（票据已交付给对方，但没收到资金）、打飞（资金付出去了，但没收到票据）”现象也成为人们关切的问题。相比之下，数字票据具有更高的安全性，它以区块链为架构，采用分布式账本，为信息不对称、交易追踪难等关键问题提供了极好的解决方案。

首先，在联盟链中，每张数字票据的出票等票据行为的实现都以全网广播的形式在所有接入节点进行存储、确认，使在连续记录的账本中不可能出现票据毁损、丢失、变造等现象。

其次，每个节点都对账本进行了完整的复制，系统运行并不依赖特定的中心服务器，当出现少数节点不联网、被攻击、被损坏等情况时，也不会因此发生全网交易中断、信息泄露等重大风险事件。

数字票据的签名采用公钥和私钥结合的形式，所有接入区块链的节点均可相互查看，缺少合法的私钥就无法进行票据行为。由于交易历史信息在账本中有完整的记录，以及私钥操作的不能代理等，因此数字票据的中介价值已经意义不太。

4. 全网广播的契约性创新

传统的票据背书行为是点对点的民事法律行为，背书行为、交付票据行为由背书人及被背书人来完成。对于背书的法律定性是单方法律行为还是契约行为，在国际各法律体系之间存在理论上的争论。我国法律认为背书属于单方法律行为。

在区块链架构中存在与传统的票据背书行为不同的环节，即背书行为在技术实现上，要经过被背书人的确认，经由全网广播，在分布式账本中记账，只有记账成功才能产生法律效力。即“背书、确认、记账”三个环节必须按顺序依次完成才成立，否则将回到背书之前的状态。这里出现以下两个不同点。

第一，被背书人必须以合法用户的身份接入系统，并确认背书信息。这一行为对于背书行为具有强烈的契约性，是双方达成合意、采取完全真实的背书行为所形成的。这一点完全不同于传统的票据背书行为。

第二，全网广播的作用。在区块链数字票据系统中，系统会在全网对异常事件进行广播，具有信息披露的及时性、广泛性、可查性特点。例如，若某一数字票据存在被拒绝承兑、支付、背书、拆分等状态，在广播确认时被背书人可获得这类信息，在背书的契约性基础下，使期后背书行为难以发生，这是数字票据相比传统票据的巨大优点。被拒绝承兑或被拒绝支付是行使追索权的条件，说明票据的信用状况已存在问题，此时持票人不得以背书方式转让票据，否则在性质上就构成期后背书。

总之，区块链技术以分布式为特征，以密码学为基础，数据真实可信，是种金融基础设施的底层技术。结合票据交易的市场特点，采用数字票据模式可实现信息披露充分及流通可拆、可查，无须第三方中介，流程公开、交易高效，显著降低票据业务的复杂度和成本，为众多组织提供重构的交易模式，实现良好的金融生态，有效解决票据市场的各类难题，避免数据寡头现象。

5.4　数字酒证案例分析

与电子仓单相比，数字酒证是电子仓单的升级。数字酒证所对应的资产信用级别更高、流动性更强，再结合保险及质押融资功能，可以认为数字酒证是基于区块链技术的典型数字票据应用案例。

5.4.1　五粮液数字酒证概述

消费升级已成为不可逆转的潮流。在高端白酒消费领域，消费升级的趋势愈加明显。以五粮液等为代表的高端白酒消费品牌销量持续增长，充分显示出消费者对高端白酒的消费热情和对浓香型白酒的消费认可。作为五粮液高端产品的代表之作，第八代经典五粮液自 2019 年推出以来，以其优异的酿造技艺和口感赢得广泛好评，受到白酒消费者的持续追捧，全年价格稳定在千元以上，品鉴和收藏价值可见一斑。

为更好地服务于白酒爱好者和老酒投资收藏爱好者，由新浪集团投资孵化的名酒数字资产管理服务平台“臻久网”，以第八代经典五粮液为基础，强强联合，推出“五粮液数字酒证”，创新销售渠道、针对新消费人群进行突破，带动传统白酒投资消费朝着数字化方向迈进。臻久网还联合中国民生银行为购买“五粮液数字酒证”的消费者提供质押服务，并有中国网安、阳光保险为消费者权益保驾护航。臻久网与三大行业伙伴强力携手，以创新型的保真服务模式，助力高端白酒实现数字资产化升级。

“五粮液数字酒证”是五粮液集团在臻久网创建的与五粮液实物酒一一锚定的区块链加密电子提货凭证，每个酒证与每瓶五粮液实物酒的智能识别码锚定，一证一酒，严格对应。“五粮液数字酒证”具有去中心化、不可篡改、全程追溯等属性，对五粮液实物酒出厂、仓储、物流运输、验证收货进行全程上链记录，实现了“一证一酒”的全流程安全保真，解决了消费者关心的白酒在流通过程中的造假、存储困难、流动性不足等问题，满足了消费者对白酒的消费保真、投资和收藏需求，也打通了品牌与消费者之间的信任通道。消费者在网络平台上购买的“五粮液数字酒证”完全相当于一瓶五粮液实物酒，可存放在其数字账户中，便利地解决了传统技术难以解决的白酒流通与消费关键问题。

臻久网作为五粮液官方指定的数字酒证运营平台，为持有酒证的消费者提供了原厂直供、原厂仓储、原厂发货、馈赠转让、一键质押等多元化服务，且物流全程上链，保险公司对此百分百承保。

“五粮液数字酒证”项目是区块链、大数据技术在白酒行业落地的标志性应用，为中国白酒行业带来创新力量。

酒证样本及实物监管实景图如图 5-1 所示。

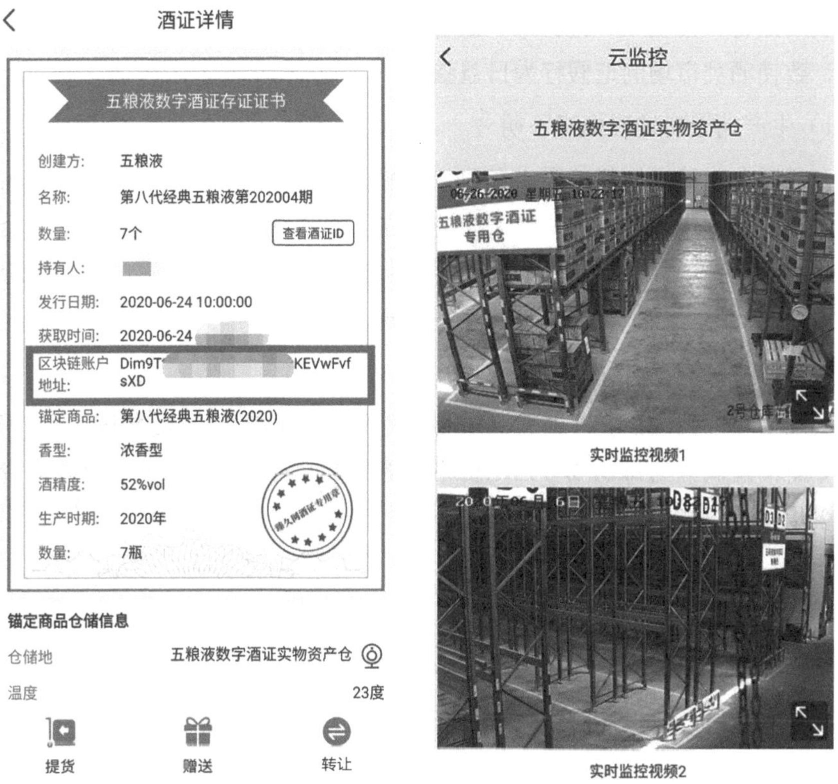

图 5-1　酒证样本及实物监管实景图

5.4.2　白酒行业的质量问题

作为传统产业，白酒生产有其特定的工艺，依赖优质原料、陈年窖池、精湛工艺等要素投入，这些特性让其与现代工业区别开来。同时，白酒的品质来源于感官享受，无法通过较为明确的数值指标来标定差异。而在长期以来形成的生产供应体系、产品经销体系之下，白酒更是在终端消费者面前被遮上了重重面纱，让明明白白消费成为白酒行业治理最大的“软肋”。

白酒行业的质量问题主要是酒类造假，且此类问题一直存在。假酒并不是指喝下去会致伤致死，而是指品质差异，凡不是原厂的酒都是假酒。最容易造假的就是包装，即用回收的正宗厂家的酒瓶包装，而酒水主要用口味相近的低价酒冒充。造假者主要针对市场中的高端白酒进行造假，如茅台、五粮液等。在高利润的驱使下，造假者有恃无恐。酒类生产环节由质监部门监管，酒类流通环节由酒类专卖局监管，检测难、检验难、监管难的“三难”使行业监管难以真正做到一体化，致使酒类市场的造假行为日益猖獗。

1）生产端原料地理标识不明

白酒行业对酿酒原料的需求量巨大，酿酒原料的品质直接影响白酒的品质。目前，白酒行业中除个别名优白酒企业建立了酿酒专用粮基地外，大部分企业酿酒所需原料均在省外甚至国外购买，企业购买酿酒原料考虑更多的是市场价格，而对原料的产地、品种、品质等关注度偏低。

2）酒的检验难度较大，因为费用高

食品研究部门或酒类产品检测中心检测酒的理化指标，全套费用达到近千元。如果要全面检测酒的每项成分，则价格会更高。面对这笔不小的费用，消费者往往难以承受，只能望而却步。

3）监管难度大

按照现行的酒类产品产销管理条例，对生产、批发和零售假冒伪劣酒类产品者，处罚力度并不大，这就导致市场中假酒泛滥，监管难度较大。

4）销售端产品可识别性及可追溯性不强

白酒的信息系统分布在众多的参与对象中，原料采购、生产、物流、销售、消费，信息监管完全割裂，缺乏围绕白酒的完全可视化的信息整合平台，白酒的可追溯性低，导致消费者对白酒的原料来源、生产工艺、流通过程等关键信息匮乏，致使不法分子有机可乘，假冒伪劣白酒屡禁不止。

以上问题的存在与白酒企业的供应链管理密切相关。由于白酒供应链不断延长，并出现零碎化、复杂化、地理分散化等特点，供应链节点之间的信息完全割裂，形成大量“数据孤岛”，进而出现数据共享与利用率低、数据核对烦琐、数据交互不均衡等问题。

5.4.3 将区块链技术嵌入白酒行业治理的应用逻辑

区块链技术具有不可篡改和可追溯的特点，并采用点对点的网络结构和分散化的存储模式，供应链上交易信息的真实性能得到保证。区块链技术在以下几个方面驱动白酒行业的发展。

（1）结合区块链技术的超级账本功能，促进白酒生产端原料地理标识的强化与固化。运用区块链技术的超级账本功能，可以追踪“从一粒粮到一滴美酒”的全流程，助力白酒企业打造全产业参与的联盟链，将全链条核心信息记录在区块链上，促进白酒质量可视化，助力市场监管，打击假冒伪劣产品；助力白酒营销创新，促进白酒企业从原有价值链向信任链建设的战略转型，提升白酒市场在整个酒类市场中的占有率与经济效益。

（2）结合区块链技术的智能合约功能，促进白酒销售端精品优质特色可视化、智能化。运用区块链技术的智能合约功能，与白酒产品一对一锚定，通过原厂发货、智能仓储、老酒贮藏、线上馈赠转让、物流全程上链、产品到货扫码验证等多元化服务，实现全流程标准化建设的创新销售模式，为白酒行业的发展带来更大的价值和收益。

（3）结合区块链技术的分布式账本功能，促进白酒产业供应链体系的融合。分布式账本将分散的数据库连接起来，可以建立多方参与、信息交换的场景，实现“数据民主化”，并且构建透明化的实时管理体系，提升企业管理效率。基于区块链技术和企业管理效率的提升，建立企业之间新型、安全、高效的沟通平台，通过数据确权实现企业数据实时交互，有利于名优白酒企业寻求合适的标的企业，借助资本、技术、品牌等优势，加快对中小白酒企业的兼并重组，推动白酒行业集约、集聚发展。

区块链技术为白酒行业带来的变革概括如下。

第一，从技术上说，区块链技术具有开源、透明的特性，系统的参与者能够知道系统的运行规则，消费者也能通过区块链网络查看自己的产品信息，从而有力解决白酒市场的售假问题。

第二，基于臻久网和区块链技术，数字酒证实现了实物高端白酒在网络空间的权属和流通性，消费者可通过平台实现一键转赠。区块链去中心化的价值转移特性简化了确权和流通环节，使白酒流通具有一定的自由度。

第三，采用区块链技术可解决区域性仓储、配送等资源和数据的共享难题，从而打破过去以行业、企业、商家为中心的资源匹配模式。从长远来看，基于区块链技术的白酒流通模式，为未来高端白酒、次新酒和老酒的转让流通市场奠定了基础，可能成为未来白酒市场的一种新型模式。

第四，由于区块链具有不可篡改和全网公开的特性，一旦交易将不会存在赖账现象。而区块链中的分布式高容错性和非对称加密算法，使人为操作产生的风险几乎为零。

5.4.4 五粮液数字酒证的应用价值

高端白酒成为众多白酒企业产业升级的重磅产品，作为收藏品受到众多投资者的青睐。然而，因为其特殊的产品外在形式，白酒的收藏与投资面临诸多困难：易破损和难运输使其转让、存管难度较大，产品鉴别也让非专业人士头痛。区块链技术的出现正在打破这种僵局，为白酒转让、质押、提现、存管等提供可行的解决方案。

消费者购买“五粮液数字酒证”，将享有原厂直供、原厂仓储、原厂发货、馈赠转让、一键质押、防伪保险、在线提货等多元化服务，结合保险实现全闭环保真，轻松管理数字资产。“五粮液数字酒证”的生成、转移全程依托于区块链技术。区块链以其去中心化、高加密性等特性，可实现数字酒证的不可伪造、全程留痕、公开透明。

此外，数字酒证由保险公司全程承保，其权属、价值由区块链技术和保险公司双重保障，规避了实物酒在离开酒厂后因调包替换等风险而造成的价值存疑问题，为“五粮液数字酒证”的收藏、馈赠和投资消费场景奠定了价值信任基础。

从激光/油墨等视觉防伪方式到二维码/RFID 等数字化防伪手段，防伪技术已经历数次迭代，方式从单一走向综合，技术路线从平面走向数字智能。然而，随着技术的沉淀和防伪技术模仿成本的降低，每隔 3~5 年，防伪技术就需要迭代更新，以适应新的防伪保真需求。在防伪技术创新变化的同时，消费者也在快速学习新的防伪方法。随着技术的发展成熟和消费者思维的转变，以区块链技术为基底的新一代保真模式受到白酒企业的关注，“五粮液数字酒证”在经历两年筹划酝酿后正式推出。

在“五粮液数字酒证”的保真模式中，“M2C 模式+区块链技术”的组合起到了极其关键的作用。M2C 模式（原厂直供、原厂仓储、原厂发货）是生产厂家直接面向消费者售卖产品或服务的一种创新型商业模式。在销售过程中，只保留生产厂家和消费者的一对一服务环节，不仅减少了流通和销售服务次数，也保障了产品质量和服务口碑。

M2C 模式和区块链技术的结合解决了闭环内所有数据易被篡改的问题，保证了基础数据的真实性，建立了实物酒从出厂到提货的“原厂保证”机制，对五粮液生产、仓储、物流配送全流程完成数字资产标准化建设；将“五粮液数字酒证”与五粮液实物酒独一无二的智能识别码一对一加密锚定，消费者可收货扫码验证，全程安全保真。五粮液作为数字酒证的“M”方，将为消费者提供原厂直供、原厂仓储、原厂发货的“三大原厂”服务。消费者在臻久网下单购买后即开始创建上链，即使期间多次转让、赠送、质押，均不改变实物酒的储藏位置。在消费者进行提货时，发货物流信息自动记录上链，待签收后将数字酒证销毁，杜绝二次使用行为。

此外，臻久网还在签收 24 小时内提供全额保险服务，将保真模式延续为“M2C 模式+区块链技术+保险”的三重保障体系，打造全流程保真闭环。

1）社交赠送

臻久网提供酒证赠送、酒证提货、酒证提货券赠送等功能，方便消费者一键转赠、及时获赠，省时又轻松，并提供在线定制个性化节日主题贺卡、音乐专题贺卡等专属服务，让线上“礼尚往来”更顺畅，全方位满足消费者的赠礼需求，为消费者提供便捷、贴心的线上消费体验。

2）投资收藏

臻久网实现酒证保真及可信任的数字资产流动，并提供长期、优质、专业的仓储服务。高端白酒具有天然的历久弥珍特性，手工酿造产量有限、资源稀缺，与老酒价值对应的数字酒证也会随年份增值，为消费者打造了向下为实物高端白酒兜底及仓储保值、向上有数字资产增值预期的投资体验场景。购买酒证后，实物酒在五粮液原厂智能仓存储，消费者可随时提货，提货后实物酒直接从五粮液原厂仓库出货、配送到家，且物流全程上链。如果配送过程出现问题，而消费者扫码验货无法验证通过，则保险公司对此百分百承保。

5.4.5　高端白酒的数字化升级

总结区块链技术在白酒行业的应用，大概可以分为以下三种模式。

1）区块链 1.0 应用：打假、溯源

较早期的区块链技术应用于白酒行业，几乎集中在“打假”功能，可称之为区块链 1.0 应用。例如，2017 年茅台酒最早开始使用区块链技术进行防伪、打假。

区块链可对每瓶茅台酒在生产、出厂、流通的所有环节进行记录，使消费者能便利地溯源每瓶茅台酒，再结合茅台酒包装上的物理防伪技术，基本上能杜绝假茅台酒的存在。随后，洋河与五粮液也采用了区块链防伪、溯源技术。困扰名酒市场多年的造假顽疾，采用区块链技术得到了有效治理。

2）区块链 2.0 应用：收藏、流通

区块链 2.0 应用为白酒藏家、投资者提供了“酒类银行”服务。“酒类银行”能让投资者进行全数字化的酒产品收藏、托管、流通、抵押。

投资者购买收藏级白酒，“酒类银行”系统为其提供存储服务，确保藏品安全，不必担心藏品的真伪问题或被调包的风险。因为系统为藏品提供溯源查证功能，再加上保险公司承保，所以投资者的藏品流通无须实体运输、交付，仅通过手机就能将自己的藏品转赠给他人，节省实体产品在交付中的运输、检验成本，避免了运输过程中的损毁风险。而且所有转手过程都会被逐一记录在区块链上，最终确保每款产品的流通链完整清晰。未来不论是转让还是拍卖，这些产品都会“身世清白”。

3）区块链 3.0 应用：交易、征信

区块链 3.0 应用构建基于区块链技术的酒类交易平台，实现产品溯源，降低交易风险和买卖双方建立信任的成本。在该平台上，产品不再存在真伪问题，消费者可以查询交易对象的历史交易记录，从而大幅提升交易效率，还能利用智能合约的自动执行功能解决交易欺诈、货款结算等风险。例如，买卖双方签订一份白酒交易电子合同，买方验货无误后输入验收密钥，电子合同便会即刻生效、执行，买方账户上的货款会自动转给卖方，而卖方的货物产权会依据合同效力、在同一时间于法律上归属买方。在第三方金融机构的介入下，智能合约支持预付款和铺货，平台上的真实交易数据能为商家的商誉提供计算依据，结合行业协会构建征信系统，推动酒类市场生态环境的净化。

后　记

近年来，中国经济发展面临内外部环境的急剧变化，挑战不断，与之密切相关的社会生活、生产方式快速向数字化转型。新 IT 主导下的技术创新是数字化转型的驱动力，而区块链技术的创新发展和广泛应用在这一转型过程中扮演了关键的角色。电子商务是数字经济的主要模式和核心内涵，理解区块链技术与电子商务的应用有助于掌握数字经济的技术治理原则、方法，这也是发展数字经济的重要目标之一。本书正是针对这一目标编写而成的。

本书立足于讲解区块链技术的基本原理，试图跟踪当前业界的全新应用模式。从国家到地方，从企业到个人，每个层面、每个经济主体都在关注区块链技术的创新发展。国际上将区块链与人工智能、自动驾驶等技术一并列入"第四次工业革命"，显示出区块链技术的创新价值和广阔的应用空间。在新冠肺炎疫情防控期间，各种数字技术的应用快速展开，区块链技术也快速延伸到疫情管控、智能健康医疗、数字金融、能源交易、智能制造、供应链金融、数字资产交易等多个领域。区块链的分布式账本、共识机制、激励机制、智能合约、可追溯等功能，是关键技术和应用创新的挑战所在，这类技术与应用方案正持续突破与创新中。

本书的出版受到广州大学教材出版基金的资助。本书在策划、编写过程中得到广州大学管理学院同事的大力相助，在此一并表示感谢。

参考文献

[1] 中国电子信息产业发展研究院. 2019 年区块链数字版权应用白皮书[R/OL].（2019-12-01）[2020-01-11]. https://download.csdn.net/download/dst1213/12098472.

[2] 中国信息通信研究院. 2019 区块链司法存证应用白皮书[R/OL].（2019-06-01）[2019-11-12]. https://page.om.qq.com/page/OlL3bNwPKzOXFnFOKBiJ_ugw0.

[3] 京东数科. 2020 京东区块链技术实践白皮书[R/OL].（2020-12-01）[2020-12-17]. https://blog.csdn.net/weixin_39965881/article/details/111375686.

[4] 潘高扬. 区块链背景下数字票据制度研究[D]. 湖南师范大学，2019.

[5] 李明佳. 我国电子合同法律制度研究[D]. 山东师范大学，2020.

[6] 吴烨. 论智能合约的私法构造[J]. 法学家，2020（02）：1-13.

[7] 王菲，吕可. 浅析区块链和农业物联网在养殖业中的应用——以众安科技“步步鸡”为例[J]. 农村经济与科技，2020，31（01）：71-72.

[8] 施羽暇. 区块链在公益慈善行业的应用研究[J]. 信息通信技术与政策，2020（04）：77-79.

[9] 杨柳，伏伦. 区块链技术驱动白酒产业高质量发展研究[J]. 酿酒科技，2020（11）：135-139.

[10] 严振亚，李健. 基于区块链技术的碳排放交易及监控机制研究[J]. 企业经济，2020，39（06）：31-37.